Knaur.

Über die Autorinnen:

Im zarten Alter von fünf Jahren reparierte *Corinna Kammerer* das Kofferradio ihrer Eltern und erlebte so zum ersten Mal, wie beglückend es sein kann, wenn ein Gerät das tut, was es soll. Heute leitet die studierte Physikerin eine Firma für Netzwerktechnik, Standortvernetzung, Hard- und Software und betreut über 100 Stammkunden. Corinna Kammerer lebt in der Nähe von Ulm.

Shirley Michaela Seul ist eine erfolgreiche Belletristik- und Sachbuchautorin. Sie lebt im Fünfseenland bei München.

www.shirleyseul.de

Corinna Kammerer
mit Shirley Michaela Seul

DRÜCKEN SIE ALLE TASTEN GLEICHZEITIG

**Mein Leben
mit Computern
und ihren
Angehörigen**

Knaur Taschenbuch Verlag

Besuchen Sie uns im Internet:
www.knaur.de

Originalausgabe Januar 2013
Knaur Taschenbuch
© 2013 Knaur Taschenbuch
Ein Unternehmen der Droemerschen Verlagsanstalt
Th. Knaur Nachf. GmbH & Co. KG, München

Redaktion: Annerose Sieck
Umschlaggestaltung: ZERO Werbeagentur, München
Umschlagabbildung: © FinePic®, München /
Helmut Henkensiefken
Satz: Adobe InDesign im Verlag
Druck und Bindung: C. H. Beck, Nördlingen
Printed in Germany
ISBN 978-3-426-78563-8

2   4   5   3   1

Meinem Vater gewidmet

INHALT

PROLOG
NICHTS GEHT MEHR

Da sind Sie ja endlich! Hier drehen schon alle durch!«
Mit diesem Satz werde ich häufig begrüßt. Manchmal
schmeichelt er mir, manchmal empfinde ich ihn als Last. Es
kommt auf den Tonfall an. Und der hängt wiederum davon
ab, wie lange jemand an einer plötzlich über Nacht verschol-
lenen Doktorarbeit saß, wie viele Rechner an einem amoken-
den Netzwerk hängen, wie dringend eine Mail erwartet
wird. Wo Computer sind, gibt es auch Katastrophen ... und
natürlich die lieben Angehörigen der Computer. In Extremfällen offenbart sich dann der wahre Charakter eines Menschen. Ein Computerproblem ist immer ein Extremfall.
Darunter leide nicht nur ich, sondern auch das Gerät. Hin
und wieder begegnet mir eine Beule im Gehäuse. Andere
kommen nach einem Wackelkontakt an der Steckdose mit
einem blauen Auge davon. Wieder andere werden stets sehr
liebevoll behandelt. Mit Kosenamen angesprochen. *Mein
Kleiner. Das Genie. Mein Bester. Mein ausgelagertes Gehirn.*
Diese Liebesbezeichnungen haben ihre Gültigkeit verloren,
wenn ich erscheine. Denn vor mir ist immer der Fehler auf-

11

getaucht. Fällt es bei Mitmenschen schon schwer, Fehler zu verzeihen, so geht das bei Computern gar nicht. Die müssen laufen. Sind doch schließlich Computer!

Ich bin die natürliche Folge eines Fehlers. Ich werde angerufen, wenn es brennt, was häufig bedeutet: Nichts geht mehr. Subjektiv betrachtet. Denn zwischen *Er fährt nicht hoch* und *Nichts geht mehr* besteht ein Unterschied wie zwischen einem Kratzer im Lack und einem Totalschaden.

Es heißt, Schönheit liege im Auge des Betrachters. Desaster ebenso. *Nichts* kann heißen, der Anschluss der Maus ist abgefallen. *Nichts* kann ebenso heißen, drei von vier Datenplatten sind ausgefallen, und der Server verweigert jeden Zugriff, bis er wieder vier Räder, also Platten hat, weil er das für sein Gewohnheitsrecht hält.

Als ich meine berufliche Selbständigkeit als Administratorin vor rund 15 Jahren begann, erschrak ich bei solchen Anrufen bis ins Mark. Dann stellte sich heraus, dass sie meistens nur Geisterbahnen waren. Großer Schreck, nichts dahinter. Zum Beispiel: Der Bildschirm in der zentralen Verwaltungsstelle eines Unternehmens bleibt dunkel. Drama! Alle Telefone laufen heiß. Horrorszenarien werden genüsslich und / oder panisch diskutiert. *Gerade heute! Wo wir dringendst auf die Daten warten! Was sollen wir jetzt bloß machen?*

… Zum Beispiel den Helligkeitsregler, den der Putzmann am Abend zuvor beim Abstauben auf null gewischt hat, zurückdrehen. *Nichts geht mehr* kann alles Mögliche bedeuten. Nur in den seltensten Fällen heißt *Nichts geht mehr*, dass nichts mehr geht. Es ist keine Aussage über Leben oder Tod, sondern die Mitteilung, dass eine bestimmte Person einen für sie nicht lokalisierbaren Fehler festgestellt hat. Da ich eine andere Person bin, stehen meine Chancen besser, den Fehler zu identifizieren. Es kann allerdings dauern. Manchmal Tage. Möglichkeiten gibt es unzählige. Das ist das Schreckliche an meinem Beruf. Und das Wunderbare. Ich liebe Herausforderungen! Natürlich male ich mir tunlichst nicht aus, was wäre, wenn wirklich nichts mehr ginge. Ich betrachte das als eine Art Zen-Übung. Tief durchatmen und die Aussage zu dem Menschen zurückgeben, von dem sie stammt. Für den beim Support um Unterstützung bittenden Kunden geht subjektiv nichts mehr. Was das objektiv heißt, muss erst ermittelt werden.

Meine Ermittlungen können schnell von Erfolg gekrönt sein oder aber ins Dickicht führen. Manche Täter verwischen ihre Spuren gründlich, so dass die Rückverfolgung zur Ursache äußerst aufwendig ist. Manchmal findet sich eine Leiche im Netz. Hin und wieder läuft eine Anwendung Amok. Zum Beispiel, indem sie ständig Protokoll darüber führt, was sie tut. Das hält der stärkste Rechner nicht aus. Sein Rechenhirn läuft über. Das Genie gibt den Geist auf. Und heißt dann nicht mehr *mein bestes Stück*.
Sondern Er.
Er will nicht mehr.
Er spinnt.
Ich habe keine Ahnung, was der da macht.

Ich nicke.
Der Satz stimmt – nicht nur temporär. Niemand weiß so ganz genau, was Computer eigentlich machen: Größtenteils sind sie im Untergrund aktiv. Wir schauen auf den Bild-

schirm und sehen den geringsten Teil der Persönlichkeit des Computers. Eigentlich ist der Bildschirm eine Maske, auf der die Geräte uns lediglich zeigen, was sie glauben, dass für den Anwender interessant ist, und worum sie gebeten wurden. Das tun sie, weil man es ihnen mal gesagt hat: Man hat sie darauf programmiert. Computer sind bemüht, auf jede Anfrage korrekt zu reagieren, wobei sich ihr Verständnis von korrekt auf ihre Art von moralischen Vorstellungen bezieht. Was hinter dem Bildschirm vor sich geht, bleibt uns verborgen. Wir sehen ja auch nicht ins Hirn unseres Gegenübers. Bittet man einen Computer, alle Prozesse aufzulisten, die gerade laufen, wird man staunen, was der so alles macht. Nebenher. Neugierig? Bei Windows sehen Sie das mit dem *Taskmanager: Steuerung + Alt + Entfernen.* Na ja, fast. Sie sehen jenen Teil, von dem Microsoft annimmt, dass er für den Benutzer interessant sein könnte. Um wirklich alle Prozesse aufzulisten, bedarf es Zusatzprogramme. Mit den Bordmitteln allein klappt das nicht. Unter Linux schon – *top* heißt der Befehl auf der Konsole, und eine lange Liste rollt über die Mattscheibe. Sollten Sie einen Apple benutzen, schauen Sie sich die Aktivitätsanzeige in den Dienstprogrammen an. Alles erfahren wir zwar nicht, aber man kann sich schon wundern, was die lieben Kleinen so treiben. Vor unseren Augen … hinter unserem Rücken.

DIE EPILEPSIE
IM HANDGELENK

Gestern Abend ist der Fehler zum ersten Mal aufgetreten. Aber da dachten wir noch, jetzt ist ja gleich Feierabend«, schilderte der Chef der mittelständischen Firma, der mich am Samstagmorgen um sieben Uhr aus dem Wochenende geschrillt hatte, seinen Notfall.

Normalerweise hätte ich den Auftrag nicht angenommen, diese Firma gehörte nicht zu meinem Pool. Doch einer meiner Stammkunden hatte mich empfohlen. Da musste ich ran, auch wenn es mir widerstrebt, in ein fremdes Netzwerk einzudringen.

Der Chef führte mich zu zwei Mitarbeiterinnen. Er musste dringend telefonieren, was mich keineswegs wunderte. Chefs zeigen höchst ungern, dass sie keine Ahnung haben. Und wenn sie das überspielen, passiert meist der schwerste anzunehmende Unfall.

Zweimal wurde ich bereits Zeugin, als ein Chef mit einem beherzten Schlag auf den für alle anderen verbotenen Schalter sein Unternehmen lahmlegte. Weshalb man ihn selbstverständlich nicht zur Rechenschaft ziehen konnte. Der

Computer war schuld, die Epilepsie im Handgelenk oder eben: ich. Letzteres bin ich gewöhnt. Und es ist mir auch am liebsten.

Die beiden Projektmanagerinnen begrüßten mich förmlich. Ihr dick aufgetragenes Make-up konnte ihre Begeisterung, den Samstagvormittag in der Firma zu verbringen, nicht übertünchen.

»Wahrscheinlich ein Virus«, meinte eine.

»An meinem Rechner geht die Verwaltungsmaske nicht mehr auf«, sagte die andere. »Wenn das nicht klappt, ist unser Betrieb lahmgelegt.«

Um herauszufinden, wie ansteckend dieser Befall war, erkundigte ich mich: »Wie viele Rechner haben das Problem denn noch?«

»Neun.«

»Wie viele sind es insgesamt?«

»40«, antwortete die eine.

Und die andere ergänzte: »Das fing schon gestern an, kurz vor Feierabend.«

Immer wieder begegnet mir das Phänomen, dass Menschen glauben, ein Computer würde sich über Nacht erholen, ein schlimmer Fehler würde sich in Luft auflösen. Übrigens haben die Leute damit gelegentlich recht.

»Was machen Sie denn mit den Geräten?«

»Unsere Kunden verwalten«, erklärte die eine.

»Aber es geht ja nichts mehr«, widersprach die andere.

Ich stellte meinen Arztkoffer auf den Tisch neben dem Computer. »Zeigen Sie mir mal, wie das genau aussieht, dass nichts mehr geht.«

Müde, blässlich, mit schwach flatterndem Puls flackerte mich ein Röhrenmonitor an. Dem ging es nicht gut. Der hatte lange keine Kontrolluntersuchung genossen. Auch als Röhrenmonitor muss einer nicht flackern. An einem einzelnen Monitor lässt sich der Zustand eines Netzes ablesen. Dieses hier machte einen verwahrlosten Eindruck. Das Programm reagierte nicht. Zu dritt starrten wir auf eine Sanduhr. Meine Anamnese dauerte nur wenige Minuten, dann war die Diagnose klar: Die Impfung war das Problem. Ein Update des Virenscanners hielt den Rechner fest in seinen Fängen. Er war bis aufs äußerste mit sich selbst beschäftigt und hatte keine Kapazitäten frei, anderweitige Anforderungen zu erfüllen. Womöglich litt er darunter. Rechner sind ja von Haus aus dienstbeflissen, allein dazu auf der Welt, die Befehle auszuführen, die sie erhalten. Wäre der Rechner in einem gepflegten Zustand, hätte sich irgendjemand seiner angenommen, hätte das nicht passieren müssen. Doch die vorhandene Hardware war den modernen Anforderungen nicht gewachsen. Keinesfalls muss man sich im Jahresrhythmus eine neue Hardware zulegen. Die Systeme laufen lange. Allerdings sollte man auf alte Systeme keine neuen Programme schrauben und das womöglich stetig wiederholen. Da braucht man sich nicht zu wundern, wenn der Rechner eines Tages nur noch in Zeitlupe funktioniert – oder gar nicht mehr. Eine Pferdekutsche wäre mit einem 200-PS-Motor auch überfordert.

In diesem Unternehmen war ein Wechsel der Systemadministration oder der Hardware oder am besten beides angesagt, was ich beim Abschied freundlich andeutete. Als ich den funkelnden Glaspalast verließ, fühlte ich mich euphorisch. Problem gelöst. Hypervirenscanner explantiert, soliden Virenscanner implantiert. Noch mal davongekommen. Gelöste Probleme fühlen sich großartig an. Belohnungshormonbonbon! Man merkt gar nicht, dass man welche gehabt hat. Ich würde mein Wochenende nicht damit verbringen, durch virtuelle und / oder reale Verliese zu robben und Fehler zu suchen. Jetzt würde ich an diesem wundervollen Sommersamstagvormittag erst mal frühstücken. Ich steuerte eine Bäckerei an, um mir zur Erstversorgung einen Cappuccino zu holen. »Guten Morgen!«, grüßte ich die lange Schlange der Wartenden.

Wahrscheinlich bedient hier eine Wochenendaushilfe, so wie ich, dachte ich mir. Doch diese Wochenendaushilfe war nicht davongekommen. Den Tränen nahe, war sie kurz davor, auf ihre Registrierkasse einzuschlagen, die schrill kreischte. Ich reimte mir das Drama zusammen. Offenbar funktionierte die Kasse nicht.

»Das kann noch dauern«, warnte mich mein Vordermann in der Schlange. »Die Kasse geht nicht.«

»Die Dame hinter dem Tresen ist neu hier.«

»Ihre Kollegin kommt erst in einer halben Stunde.«

»Die kennt sich null aus.«

»Das ist ihr erster Tag.«

»Jeder muss mal anfangen.«

»Aber gerade heute!«

Jetzt war ich voll umfänglich im Bilde. Als die Tür sich öffnete und eine weitere Kundin hereinkam, war ich an der Reihe, den Fall zu schildern. Da rief jemand nach vorne: »Schreiben Sie doch alles auf!«

»Wie aufschreiben?«, fragte die karottenrothaarige Verkäuferin, noch keine 20, dafür mindestens zwei Dutzend Piercings und Ohrringe.

»Auf Papier! Mit einem Stift!«

»Aber das ist ja to-tal um-ständ-lich«, schniefte sie.

»Haben Sie die Kasse schon mal ausgeschaltet und dann nach 30 Sekunden wieder eingeschaltet?«, mischte ich mich ein, obwohl das normalerweise nicht meine Art ist, aber mein Koffeinnotlicht blinkte besorgniserregend. Außerdem löst man mit diesem Vorgang 80 Prozent aller Probleme. Nicht nur im technischen Bereich, nebenbei bemerkt.

»Wo denn?«, fragte sie jämmerlich.

»Hinten rechts oder links«, rief ein Mann von vorne rechts. Ein anderer von hinten links enterte den Thekenbereich. Zwei weitere folgten. Männer, na klar. Erst mal machen. Dann gut fühlen. Wenn kaputt, Computer schuld.

»Hier ist der Schalter.«

»Ja, das ist er.«

»Soll ich?«

Die Menge murmelte zustimmend.

Die Verkäuferin erstarrte, als ein langgezogenes, schließlich ersterbendes Piepsen ertönte. War das jetzt die Kündigung oder der Neustart ins Berufsleben?

Als ich zehn Minuten später bestens gelaunt mit einem Cappuccino und einem Croissant auf der Straße stand, klingelte mein Handy. Ich stellte den Kaffeebecher auf das Dach meines Kombis. *Nicht vergessen*, nahm ich mir wie so oft vor. Mal klappt es, mal nicht. Meine nächste Anschaffung musste klappen: ein Allrad. Ich wohne auf der Alb, und die Winter sind hart, lang und schneereich, man nennt die Gegend schwäbisch Sibirien.

Birgit las ich auf dem Handy-Display.

»Hey, hallo Birgit«, meldete ich mich hocherfreut. Wahrscheinlich würde sie mich fragen, ob ich bei dem herrlichen Wetter mit ihr ausreiten wollte. Klar wollte ich. Diese Reiterfreundschaft, die sich im letzten Jahr entwickelt hatte, machte mich nicht nur beim Galoppieren glücklich. Meine Kindheit hatte ich am liebsten auf einem Ponyhof verbracht. Birgit hatte zwei herrliche Pferde, den Schecken Justin und das Painthorse Gina. Ein sehr feinsinniges Pferd mit wunderschönen, sanften Augen. Ich spürte schon ihre samtweiche Schnauze in meiner Hand. Und wenn sie mich erst anstupste!

»Corinna!«, rief Birgit und klang gar nicht entspannt und nach Ausritt.

Um Gottes willen, es ist was mit den Pferden, schoss mir durch den Kopf. Kolik? »Ja?«, fragte ich schnell.

»Nichts geht mehr!«, rief Birgit.

Ich atmete auf.

LOCKERE SCHRAUBEN

Das erste technische Gerät, das für mich eine Bedeutung hatte, war ein Kofferradio von Schaub Lorenz. Einen Fernseher gab es damals bei uns noch nicht. Es war eines der ersten Kofferradios, nach den riesigen Röhrenradios mit einem Gehäuse aus Nussbaumholz. Das kleine Radio hatte eine eigene Antenne und war allabendlich das Zentrum der Aufmerksamkeit meiner beiden großen Schwestern, die gerne Schlager hörten. Bis eines Tages ein Drama geschah und das Gerät beim Einschalten keinen Mucks mehr von sich gab. Egal, wer es wie schüttelte, beschwor oder beschimpfte. Ich versuchte es auch mit Streicheln. Doch nichts half.

Am nächsten Morgen, als alle aus dem Haus waren – außer meiner Mutter und mir –, nahm ich mir das Radio vor. Ich holte einen kleinen Schraubenzieher aus Vaters Werkzeugkasten im Keller und zerlegte das Gerät in alle Einzelteile. Ich erinnere mich an die Morgensonne, die auf mein Werk schien, und an die Faszination, die diese kleinen Teile auf mich ausübten. Manche sahen aus wie winzige Tanks, andere wie Städte mit Straßen und Knotenpunkten, von hoch oben fotografiert. Ich sah mir alles lange an und hatte nicht den Schimmer einer Ahnung, was die Ursache für den Fehler sein könnte. Mit meinen fünf Jahren wusste ich ja noch nicht einmal, dass es Elektrotechnik gab. Aber ich hatte es mir immerhin angeschaut. Mit befriedigter Neugier schraubte ich alles wieder zusammen, in beliebiger Reihenfolge, nicht überstürzt, sondern konzentriert, nachdem ich Teil für Teil lange betrachtet und einen guten Platz dafür gesucht hatte. Es blieben nur wenige Schrauben und Winzigkeiten übrig, und als ich fast fertig war, rief meine Mutter nach mir. »Corinna, was machst du? Es ist so ruhig bei dir.«

Meine Mutter kannte mich ja schon ein paar Jahre und wusste, dass Ruhe nicht unbedingt Gutes zu bedeuten hatte, wie bei wissbegierigen Kindern üblich.

»Radio reparieren«, antwortete ich und setzte die letzte Platte des Gehäuses wieder auf. Hinter mir verdichtete sich die Atmosphäre zu einem Gewitter. Dieses rollte in Gestalt meiner lieben Mama ins Wohnzimmer und donnerte sogleich los: »Das darf ja wohl nicht wahr sein!« Meine Mutter hob das Radio hoch. »Wenn das jetzt kaputt ist!«

Aber es ist doch schon kaputt, dachte ich und hoffte: gewesen.

Meine Mutter steckte den Stecker in die Dose.

»Und nun die Nachrichten. Bonn«, brüllte die Nachrichtensprecherstimme los.

Meine Mutter zuckte zusammen. Sie drehte den Ton leiser und starrte mich an.

»Aber das war doch … kaputt?«

Gewesen, dachte ich.

Bei meinen Schwestern löste die erfolgreiche Reparatur Begeisterungsstürme aus, und ich durfte fortan die Schlagerparade bis zum Schluss mit anhören.

An dieses frühkindliche Erlebnis denke ich hin und wieder zurück. Es enthält bereits alle Elemente, die mir beim Umgang mit Technik Tag für Tag begegnen: die wunderbaren Funktionen, die uns beglücken, wenn ein Gerät das tut, was wir wollen. Die Enttäuschung, die häufig in Wut übergeht, wenn es seine Dienste versagt. Die Hilflosigkeit – meist der anderen, hin und wieder auch meine eigene – und der Wunsch, die Situation zu retten, damit es kein Donnerwetter gibt und alle wieder froh sind.

Der Schritt ins Innere der Technik: Die Aufregung beim Öffnen des Gehäusedeckels – was werde ich dort vorfinden? Wird mich dieses Abenteuer in Teufels Küche führen? Und schließlich das Erfolgserlebnis: Es funktioniert oft schon, wenn man dem Gerät einfach nur etwas Aufmerksamkeit widmet. Zu viel Aufmerksamkeit sollte man ihm allerdings nicht schenken. Alles eine Frage des Maßes.

Neulich hörte ich, dass es normal sei, kurz vor einem Abgabetermin – Doktorarbeit, umfangreiches Konzept, Buch – ein massives Computerproblem zu erleiden.

»Ich hielt das für Humbug«, erzählte mir die Frau, der es dann doch passiert war. »Alle hatten mich gewarnt. Am Ende der Doktorarbeit würde dieser Fall eintreten. Und dann ist es passiert. Drei Tage vor Abgabetermin. Zuerst der Drucker. Dann die Maus, und zum Schluss blieb der Bildschirm dunkel.«

Ich nickte. Diese Kette von Geschehnissen, die gerne auftritt, wenn Mensch und Maschine unter Druck geraten, war mir schon mehrfach begegnet. Da kann man sich schon mal gewisse Fragen stellen. Nur nicht einem Techniker natürlich. Man würde einen dieser Blicke ernten. Ließe man einen solchen Blick durch einen Filter laufen, erhielte man folgende Meinung:

Die hat keine Ahnung!

Die spinnt sich was zusammen!

Technik ist schließlich kein Mummenschanz.

… Aber manchmal treibt sie gern Schabernack …

ABSTÜRZE UND ANDERE KATASTROPHEN

Bei meiner Physik-Diplomarbeit hatte ich ein riesiges Computerproblem. Vier Tage vor Abgabe blieb der Bildschirm meines Notebooks schwarz, egal, was ich anstellte. Nach dem Einschalten ertönte zwar noch ein hoffnungsfroher Piepser, darüber hinaus fand das Gerät aber keinen Anschluss an seinen Chor. Leider hatte mich vor so etwas niemand gewarnt, daher war die Sicherungskopie im Geiste Asbach Uralts – höchstens die Hälfte der Arbeit würde sich rekonstruieren lassen.

An meiner körperlichen Reaktion las ich ab, dass es sich um einen ernsten Notfall handeln musste: Mir brach der kalte Schweiß aus. Zitternd schloss ich den Deckel des Notebooks, packte den Tabernakel sorgsam ein und trug ihn zu Jonathan und Walter, meinen beiden besten Freunden in jener Zeit, den frühen 1990er Jahren. Sie ließen sich die Misere kurz schildern und sagten wie aus einem Munde: »Den brauchen wir gar nicht erst einzuschalten.« Das ehrte mich zwar, verringerte meine Panik jedoch nicht.

»Sonst fällt euch nichts dazu ein?«, fragte ich.

Wie beim Wasserballett zuckten sie die Schultern synchron im Sekundentakt.

»Und was soll ich jetzt machen?«

»Am besten, du bringst das Teil sofort zu Manfred.«

Manfred war eine bekannte Größe an der physikalischen Fakultät. Er arbeitete seit Jahren an seiner Habilitation, lebte genau genommen an der Uni und hatte eine Schwäche für streikende Computer – damit war er zu der Zeit einer von wenigen. Seine Art, Kaffee zu kochen, hatte er vermutlich mit Hilfe einer Packung Filtertüten erlernt, auf der eine Filtertüte randvoll mit Kaffeepulver prangte. Sein Kaffee erinnerte farblich eher an Schmieröl, aber für gewisse Extremsituationen war er genau das Richtige: ein gallenbitterer Schocker fürs Nervensystem.

Ich kannte Manfred nur vom Hörensagen und einer Tasse Kaffee, die ursprünglich für jemand anders bestimmt war. Es war nicht einfach, seine Aufmerksamkeit zu erregen, als Mensch hatte man hier die denkbar schlechtesten Karten. Doch womöglich hielt ich mit meinem streikenden Notebook die Eintrittskarte zu Manfreds Höhle in Händen.

Walter tippte schon auf das Telefon. Grün. Hörer mit Spiralkabel. Kleiner Aufdruck in Silber rechts unten: Polizei 110, Feuer 112.

»Ah, hallo Manfred. Du, wir haben da ein Problem …«
Während Walter dieses nun schilderte, erteilte Jonathan mir genaue Instruktionen, wie ich mich Manfred nähern sollte:
»Zuerst kaufst du am Schweizer Bahnhofskiosk eine Stange blaue Gauloises ohne Filter.«

»Warum am Schweizer Kiosk?«, fragte ich.

»Ihr Nichtraucher macht mich fertig«, stöhnte Jonathan, ehe er es mir erklärte: »Wegen des Preises! Das ist doch das

Gute hier: Kannst dir immer aussuchen, in welchem Land du die beste Ware zum billigsten Preis kriegst.«

Das war eine Hauptbeschäftigung nicht nur vieler Mathe-StudentInnen in Konstanz an der Grenze zur Schweiz.

Jonathan fuhr fort: »In der Fakultät klopfst du an Manfreds Bürotür. Laut. Es kann dauern, bis er öffnet. Gegebenenfalls genügt es nicht, dass du mit der Faust klopfst. Es ist ratsam, einen Stein in der Hand zu haben, sonst schlägst du dir die Knöchel wund. Auf keinen Fall darfst du eintreten, ohne dass er es merkt. Dann regt er sich auf, und es geht gar nichts mehr. Irgendwann hört er dich schon. Er öffnet, du reichst ihm zuerst das Notebook, dann die Gauloises, hörst du, das ist wichtig. Zuerst das Notebook. Sprich ihn auf keinen Fall an! Schon gar nicht fragst du ihn, wie lange es dauert. Schau ihm nicht in die Augen. Am besten fragst du ihn nichts, du denkst nicht mal dran, wissen zu wollen, wann er eventuell Zeit hat, sich deinem Notebook zu widmen.«

Vertraut mit den Umgangsformen der Spezies Naturwissenschaftler, leuchtete mir das alles ein, und ich tat, wie mir geheißen. Als Manfred mein Heiligtum in Händen hielt und die Tür überraschend sanft vor meiner Nase schloss, sendete ich ein Stoßgebet zu einem neuen und hoffentlich zuständigen Heiligen für die Reanimation defekter Geräte. Die da oben waren inschallah offen für technischen Fortschritt, oder sollte das etwa auch noch der heilige Christophorus übernehmen, der ja mit den Autofahrern schon völlig überlastet war?

Dank Manfreds Hilfe gab ich meine Diplomarbeit am letzten Tag der Frist noch rechtzeitig ab. Der Inhalt war vollständig, nur für die sprachliche Korrektur hatte die Zeit nicht mehr gereicht. In manchen Sätzen fehlten die passenden Formulierungen, speziell in der Einleitung waren zwei Sätze unvollständig. Als mein Professor die Arbeit gelesen hatte, stellte er fest: »Sie hatten wohl ein Computerproblem?« Keine Spur einer Unterstellung, es könnte sich dabei um eine Ausrede handeln, lag in seinem Ton. Da wusste ich wieder einmal, dass ich beim richtigen Prof gelandet war.

Stressübertragung

Eigentlich brauchen wir uns nicht zu wundern, dass uns die Computer hin und wieder im Stich lassen, denn das haben wir ihnen zum Teil sogar beigebracht. Ein dergestalt sozialisiertes Gerät ist womöglich lernfähig. Oder, wie man es von Hunden und ihren Besitzern kennt: Wie der Herr, so 's G'scherr.

Manche Leute rufen nach der Party am Donnerstagabend freitags im Büro an und melden sich krank. »Mir ist total schlecht.«

Kaum haben sie den Hörer aufgelegt, wird ihnen wirklich schlecht. Schlagartig. Der gewonnene Freitag zerrinnt unter den Fingern: womöglich zwischen Toilette und Eimer. Man sollte sich die Krankheiten, die man angeblich hat und deswegen kriegt, vorher überlegen. Wer seinen Computer zum Zeugen werden lässt, wenn er Telefonate führt, in denen er eine verbummelte Abgabefrist oder ein sonstiges Versäumnis auf die Technik schiebt, braucht sich nicht zu wundern, wenn die Technik auch diesen Befehl dienstfrig in die Tat umsetzt. So werden aus Lügen traurige Wahrheiten:

- ♪ Mein Drucker ging nicht mehr.
- ♪ Ich konnte das nicht bearbeiten.
- ♪ Das Programm ging nicht auf.
- ♪ Der Computer hat plötzlich den Drucker nicht gefunden.
- ♪ Ich konnte mich nicht anmelden.
- ♪ Der Stick war kaputt.
- ♪ Die Mail habe ich nie erhalten.
- ♪ Auf der CD war nichts.
- ♪ Er fährt nicht hoch.
- ♪ Nichts geht mehr!

Wer hat heutzutage kein Verständnis für solche Katastrophen? Das kennt man doch! Das fällt unter höhere Gewalt. Auch Gott lässt sich nicht in die Karten schauen. Und außerdem gibt es da ja noch den Menschen, der vor dem Computer sitzt. Psychodynamische Effekte nenne ich ein Phänomen, das mir immer wieder mal begegnet, besonders in Firmen mit suboptimalem Betriebsklima:

Ein Mitarbeiter hat ein vermeintliches Computerproblem. Dieses Problem existiert aber genau genommen nicht. Der Mitarbeiter bildet sich das nur ein. An allem ist der Computer schuld. Auch daran, dass der Chef einen Urlaubsantrag verliert oder dass ein Kunde schlechte Laune hat. Es ist der Computer. Man könnte auch sagen: Er opfert sich. Alle Kolleginnen und Kollegen spielen mit und halsen ihre Missverständnisse und Misserfolge dem schwarzen Schaf auf. Dabei besteht dessen einziger Fehler darin, etwas langsam geworden zu sein in letzter Zeit, weil betreffender Mitarbeiter ihn mit Programmen, die ihm auf den Magen schlagen, überfüttert hat.

Ich wundere mich oft, dass die Geräte trotzdem noch so fleißig sind und unermüdlich rechnen. Bei den Arbeitsbedingungen! Eines Tages wird der Support angerufen. »Das blöde Ding nervt mich zu Tode! Der wird immer langsamer.«

Nun ist das Problem aber nicht der Computer, sondern derjenige, der davorsitzt. Deshalb finde ich keinen richtigen Fehler, außer einer Magenverstimmung, womit der Mitarbeiter aber nicht zufrieden ist. Wenn man da als Administratorin keine V-Leute aus der Abteilung im Rücken hat, die einem flüstern, was Sache ist … dann hat man wirklich ein Problem! Und gelegentlich selbst eine Magenverstimmung.

Pfoten weg

Das Architekturbüro in der Stuttgarter Innenstadt kostete mich den allerletzten Nerv, denn das Netzwerk litt unter wiederkehrender Instabilität. Kaum glaubte ich, das Problem gelöst zu haben, tauchte es erneut auf. Längst hatte ich alle Kabel, Router, Switche gemessen und teilweise ausgetauscht.

Ich war am Verzweifeln, mein Kunde und seine Mitarbeiter balancierten am Rande der Hysterie. Mir war klar, dass es nicht mehr allzu lange dauern würde, bis sie mich austauschten. Ich bezweifelte, dass ihnen das weiterhelfen würde. Im Grunde war ich auch bloß ein Verbindungsstück, ein Switch.

»So kann man doch nicht arbeiten!«, beschwerte sich ein Abteilungsleiter bei mir. Seine Stimme klang schrill. Unter seinem rechten Augenlid zuckte ein kleiner Muskel. Im Auge selbst nahm ich ein nervöses Flackern wahr.

»Sie haben recht«, sagte ich schnell und tauschte das nächste Kabel aus.

Da der Chef des Architekturbüros am Nachmittag meist aushäusig war und mich stets gern persönlich sah, was mir sehr unangenehm war, weil sich unsere Dialoge beschämend ähnelten – Läuft es jetzt / Ja / Dann hoffentlich nicht bis bald! / Danke gleichfalls! –, kannte ich nur jene Mitarbeiter, die vormittags im Hause waren. Ein Fehler, wie sich herausstellen sollte, als ich wegen einer Urlaubsvertretung Frau Hertz kennenlernte, die vor zwei Monaten neu angefangen hatte und ausnahmsweise vormittags arbeitete, wie sie mir redselig mitteilte.

»Und, wie gefällt es Ihnen hier?«

»Ich fühle mich sehr wohl. Die Kollegen sind total nett. Sonst wäre ich ja schon weg.«

»Das verstehe ich jetzt nicht«, sagte ich. »Wieso wollen Sie weg, wenn es Ihnen gefällt?«

»Es ist wegen der Hunde. Ich habe panische Angst vor Hunden.«

»Welche Hunde?«, fragte ich begriffsstutzig.

»Na die von der Frau Blank und dem Herrn Hubert.«

Ich kannte die beiden Mitarbeiter. In der Obhut von Hunden hatte ich sie allerdings noch nie gesehen.

»Dienstag- und donnerstagnachmittags sind sie beide da. Ein großer schwarzer und ein mittelgroßer brauner. Und dann ist hier die Hölle los.«

Am liebsten hätte ich Frau Hertz geherzt. »Dienstag und Donnerstag?«, wiederholte ich. Das waren die beiden schlimmsten Fehlertage.

Sie seufzte kummervoll. »Das kann schon sein, dass die nur spielen wollen. Aber ich krieg jedes Mal einen halben Kollaps, wenn sie unter meinem Tisch durchfetzen.«

»Unter Ihrem Tisch!«, rief ich begeistert.

»Schrecklich«, nickte Frau Hertz. »Sie bellen so laut und werfen alles um.«

»Und ziehen die Stecker raus!«, jubelte ich. Als Hundebesitzerin weiß ich: Das können die! Manche sind darin wahre Profis.

Bei mir verläuft die Verkabelung hundesicher im Kabelkanal bis zum Computer. Das ist zwar aufwendig, lohnt aber, da die Hunde dann unbeschwert durch den Raum wedeln können.

An sich sollte es in keinem Büro an Tieren mangeln. Katzen haben übrigens spezielle Tricks auf Lager, wie sich bei der Frage einer Freundin herausstellte: »Was kann das sein? Wenn die kleine Katze über die Tastatur gelaufen ist, sind die Mails einfach weg! Unauffindbar. Auch nicht im Papierkorb! Wie macht sie das? Was ist das für eine geniale Tastenkombination?«

»Die würde ich auch gern kennen«, gab ich zu, »aber da muss ich passen: Ist mir unbekannt. Es muss sich um einen Befehl handeln, der sich ausschließlich mit vier Pfoten eingeben lässt.«

Tiere nehmen die negativen Spannungen von Menschen auf, und oft gelingt es ihnen, sie zu neutralisieren, oder mehr noch: gute Laune zu verbreiten. Das wirkt sich auch auf das Zusammenleben mit Computern positiv aus.

Nachdem die komplette Verkabelung pfotensicher verlegt war, beruhigte sich das Netz schlagartig. Analog dazu verlief auch der Spannungspegel zwischen dem Chef und mir. So wie die Steilkurve für die fast paranoide Haltung der Angestellten mir gegenüber linear abfiel in den grünen Bereich. »Green IT – okay for me«, stand passenderweise auf dem Sticker, den mir der Chef als eine Art Orden überreichte, als einige Monate ohne Fehlfunktion ins Land gegangen waren.

Mission impossible: Urlaub

Endlich wollte ich auch mal in Urlaub. Eine Woche in die Bretagne. Und verschob die Abreise um zwei Tage, weil ein Stecker geschmolzen war. »Urlaub von Anfang an«, höhnte meine bessere Hälfte, auch unter dem Namen *die Basisstation* mit mir verlinkt, als wir tatsächlich endlich schließlich doch noch aufbrachen.

Es war schon merkwürdig: Jedes Mal, wenn ich mir einen kurzen Urlaub gönnen wollte, liefen die von mir betreuten Netzwerke Amok. So etwas kennen viele Administratoren. Kaum kriegen die Netzwerke Wind davon, dass man beabsichtigt, ihnen den Rücken zu kehren, drehen sie durch. Wäre vielleicht besser, sie würden das erst tun, wenn ich weg bin. Doch solch eine fahrlässige unterlassene Hilfeleistung wagte ich in den ersten Jahren meiner Selbständigkeit am Ende des letzten Jahrtausends nicht. Heute sehe ich das entspannter. Das liegt an zwei Umständen. Der erste ist ein Mensch, er heißt Sankt Martin. Der zweite ist die Erkenntnis, dass auch Dinge, Systeme manchmal einfach bloß Zuwendung brauchen. Dann flutscht es wieder.

»Am klügsten wäre es«, meinte meine Basisstation einmal, »du besuchst alle deine Rechner und Netzwerke und verabschiedest dich persönlich, bevor wir in den Urlaub fahren.«

Die Idee finde ich prinzipiell gut, doch auch gefährlich, denn es könnte sein, dass mich manche Rechner nicht ziehen lassen wollen oder sich besonders perfide Urlaubsgründe ausdenken, mit denen sie sich ihrerseits verabschieden.

Vor einigen Jahren betrat ich einmal mit dem verantwortlichen Systemadministrator der Firma, die mich gerufen hatte, den Serverraum. Er sperrte die Tür auf und rief: »Kinder, wir sind da – ich habe euch heute Besuch mitgebracht.« Für ihn war das übrigens kein Scherz.

Manche Rechner, das habe ich oft genug erlebt, leiden an einer Art abgewandelter ADS, Aufmerksamkeitsdefizitstörung. Einige brauchen nur ein bisschen Zuwendung, andere die ganze Packung. Erstere sind mir natürlich lieber. So wie der Rechner von Frau Krämer, der rechten Hand des Chefs eines von meiner Firma betreuten Unternehmens. Ich versuchte mal wieder heimlich in den Urlaub zu fahren, vier Tage, verlängertes Wochenende, als mein Handy klingelte.

Frau Krämer vergaß die Begrüßung, wie es bei den meisten meiner Kunden Usus ist, und stürzte mit der Fehlermeldung ins Headset.

»Ich habe alles schon probiert, aber ...«

»Guten Tag, Frau Krämer.«

»Ja. Also ich hab alles schon probiert, aber was er jetzt macht, also nicht macht ...«

Pause.

»Frau Krämer?«

Pause. Kein Funkloch.

»Frau Krämer! Sind Sie noch dran?«

»Jetzt macht er es!«

»Was?«

»Das, was er dauernd nicht gemacht hat, warum ich Sie anrufe. Jetzt macht er es!«

Da ich mich, wie gesagt, auf dem Weg ins Paradies befand, fragte ich nicht, was er jetzt machte. Im Stillen bedankte ich mich einfach, dass er es jetzt machte. Dass seine Aufmerksamkeitsdefizitstörung heute nur eine telefonische Verbindung mit seiner Administratorin benötigte und ein wenig Beschimpfung von seiner Anwenderin. Dass er sich genügsam damit zufriedengab. Ach, wären sie doch alle so bescheiden und gütig! Sind sie aber nicht.

Für solche Fälle war ich im Kurzurlaub gerüstet. Selbstverständlich hatte ich mein Notebook aufgebohrt, um es an die Autobatterie anschließen zu können. An potenziellen Urlaubsorten interessierten mich Klima und Gegend nur sekundär. Meine erste Frage lautete stets: »Gibt es ein Netz?«

Zum ersten Weihnachtsfest nach dem Millennium legte meine gute Freundin Sonja zwei Tickets auf den Tisch. »Wir fliegen nächste Woche nach Ägypten zum Tauchen.«

»Ich kann nicht weg.«

Sie presste zwei Finger auf meinen Handrücken. »Das ist eine Tastenkombination«, erklärte sie mir. »Es ist der Befehl, jetzt ja zu sagen.«

»Ja«, sagte ich.

»So was hätte ich mich nie getraut«, stammelte meine Basisstation, die mich immer machen ließ, so wie ich es umgekehrt auch hielt.

»Vielleicht verrät Sonja dir die Tastenkombination«, grinste ich.

Die Computerflüsterin

Am Roten Meer leuchtete der Himmel strahlend blau, es wehte ein starker Wind von der Wüste her. Unter Wasser würde uns das Gebläse nicht stören. Ich freute mich auf den Tauchgang an dem bizarr geformten Riff Sha'ab Sakara, das als sicherer Delphin-Treffpunkt gilt. Aber was ist schon sicher? Als Technikerin weiß ich es besser: nichts.

An der Tauchbasis, wo wir unsere Ausrüstung abholen sollten, hatte sich eine lange Schlange gebildet, oder das, was man als Tourist hier darunter verstand: eine Art Cluster aus dicht gedrängten Menschen, teils in Tauchanzügen, teils in Badeklamotten, ein Mann mit prallem Kugelbauch balancierte auf dünnen, staksigen Beinen mit Badehose und Taucherbrille auf dem Gesicht am Steg. Dieses Augenaccessoire schätzte ich auf sechs Dioptrien, in unbeschlagenem Zustand.

»Wenn die jetzt aber nicht mal Dampf machen«, beschwerte sich eine Frau vor mir und drückte damit aus, was wir alle befürchteten: »verpassen wir noch das Boot!«

»Anscheinend irgendwas mit dem Computer«, raunte es durch die Schlange.

Ich bin Arzt. Lassen Sie mich durch! Diese zwei Sätze wurden immer lauter in meinem Kopf. Ich wollte auf dieses Boot!

Aber in den Vordergrund würde ich mich nicht drängen. Das übernahm Sonja, mein Tauch-Buddy, dem ich diesen Urlaub verdankte. Entschieden schob sie mich in die erste Reihe.

»Das ist eine Computerflüsterin«, behauptete sie. »Die kann das Problem sicher lösen!«

Skeptisch musterte mich die Tauchbasischefin, eine entnervte Mittvierzigerin, die so durchtrainiert wirkte, dass ich ihrem Händedruck mit Besorgnis entgegensah. Auch zum Flüstern braucht es manchmal Finger, gesunde! Der Händedruck blieb aus. So wie ich sah man nicht aus, wenn man Probleme löste. Gänsehaut von Kopf bis Fuß, zerzaustes, feuchtes Haar und in der Hand ein Paar Flossen. Professionell tritt anders auf – wie die hiesige Chefin, die auf den Computer deutete, dem nun, wie in solchen Fällen üblich, das vertraute Du entzogen wurde. Er wurde versachlicht. »Das blöde Ding hier verweigert jede Verbindung. Ich muss aber erst die Daten mit der Zentrale abgleichen, sonst lässt sich keine Buchung eintragen.«

Als erste Maßnahme legte ich die Flossen auf die Theke. Mit einem Blick erkannte ich das übliche Windows XP, nur auf Englisch. Ich überprüfte die Verkabelung am PC, alles fest eingesteckt.

ISDN, immerhin.

»Das Telefon ist übrigens auch tot«, schoss mich die Chefin nun an, als ob ich es auf dem Gewissen hätte. Ich merkte, dass ich jetzt zuständig war. So ist das immer. Sobald ich, wenn auch nur zaghaft, signalisiere, ich könnte mal gucken, bin ich schuld an allem. Eine Gnade der komplikationsfreien Geburt gilt nicht, womöglich bin ich auch schuld an dem Datenfehler, der zu Adams Apfelbiss führte.

Die Schlange der Wartenden freute sich über die Abwechslung. Ihren Blicken entnahm ich, dass niemand mir hier etwas zutraute. Höchstens Entertainment. Allein Sonja glaubte an mich, aber als Freundin hatte sie keine andere Wahl. Zuversichtlich verfolgte sie jede meiner Bewegungen. Meine Welt hatte sich verengt auf Windows, Tastatur und Verkabelung. Die Heilige Dreifaltigkeit. Ich überprüfte das System. Es sah einwandfrei aus, alle Treiber da, keine Konflikte, aktueller Stand.

Ein muskulöser Mann, ganzkörperenthaart, blauäugig, V-förmig, betrat die Bühne. Mit lauter Stimme verkündete er: »Bestimmt ist es ein Virus. Das hatte ich auch mal.«
Und er ist nicht ausgeheilt, dachte ich.
»Damit kenne ich mich aus«, bestärkte er meine Vermutung. »Da kann man nichts machen.«
Erneut stimmte ich ihm innerlich zu.
Dann klickte ich mich in ein anderes System. Vor vielen Jahren war ich in einer Autozulieferfirma einmal stundenlang Kabeln hinterhergerobbt, weil weder Netzwerk noch ISDN funktionierten. Schließlich fand ich den Fehler: In einem der 44 Computer hatte jemand die identisch aussehenden Stecker von ISDN und Netzwerk vertauscht. Die Signale der beiden Systeme setzten sich gegenseitig schachmatt. Bis dahin hatte ich nicht gewusst, dass das möglich ist, und es seither nie wieder vergessen. Möglichkeiten sollte man sich in meinem Beruf stets merken, Computer sind

Meister der Möglichkeiten – und manchmal machen sie das Unmögliche möglich.

Das wusste auch der Muskelmann, der nun so nah neben mir stand, dass ich seinen extra strong Peppermint roch. »Druckt er denn noch?«, wollte er wissen. »Bei mir hat alles damit angefangen, dass er nicht mehr gedruckt hat.«

Ich stieß einen Schrei aus, als ich meinen Verdacht bestätigt fand: Das ISDN-Kabel hing im Switch statt in der NTBA-Dose. Klick – raus, Klick – rein.

Ich rappelte mich auf und schaute der Chefin fest in die Augen. »Probieren Sie es jetzt bitte noch mal mit dem Datenabgleich.«

»Es klappt!«, rief die Chefin begeistert, als es fiepte und klingelte wie im Spielsalon. Die Schlange applaudierte, der Muskelmann warf die Arme in die Höhe, als hätte er irgendwas gewonnen, nun, hatte er ja auch, hatten wir alle: unser Boot. Jetzt würden wir es noch erreichen.

Als wir am Abend unsere Tauchausrüstung zurückgaben, winkte mich die Chefin in ihr Office. Wieder erschien ich in Gänsehaut mit strubbeligem Haar. Meine neue Uniform. Kummervoll flüsterte die Chefin: »Ich habe da noch ein Problem.« Sie schloss die Bürotür. »Der Student, der die Datenbank programmiert hat, ist mit einer Tauchschülerin über alle Berge.«

Ich nickte teilnahmsvoll. Zuhören gehört zum Geschäft. Denn das tun sie ja nicht, die Computer. Da kannst du reden und reden und reden. Die reagieren nicht. Deshalb gibt es solche wie mich. Wir hören zu und reagieren dann, damit die Computer reagieren. Im Übrigen scheint es eine Vorliebe von jugendlichen Systemadministratoren zu sein, sich in Luft aufzulösen. Allein über verloren gegangene Administratoren könnte ich ein Buch schreiben. Niemand weiß, wo sie geblieben sind, aber viele kennen den Schaden, den sie hinterlassen. Kein Wunder, dass sie nie wieder auftauchen. Womöglich gibt es irgendwo in der Südsee eine Insel, wo sie sich tummeln.

Die Chefin drehte ihre Augen zur Decke. »Ich kann keine einzige Rechnung rauslassen, die ganze Maske ist weg. Aber da sind alle Buchungsdaten drin – alle! Und nur dort!«

»Hm«, nickte ich.

»Können Sie das reparieren?«, fragte sie mit ersterbender Stimme. »Bitte?«

Ich war zwar im Urlaub. Aber ich las gerade Kafka. Und der bemerkt, dass man nie unterschätzen soll, in welcher Hölle die Mitmenschen sich gerade befinden.

Und außerdem: Ärzte sind nie im Urlaub.

»Ich kann es versuchen«, formulierte ich vage, um der Chefin nicht zu viel Hoffnung zu machen. Von Laien programmierte Datenbanken führen häufig schnurstracks in die Hölle. Und sie hassen es, wenn sich ihnen ein Fremder nähert, fahren alle Tücken auf, die man sich nicht ausdenken kann. Man stolpert zwangsläufig über hinterhältige Verknüpfungen und nicht ersichtliche Verwandtschaften von falsch oder undurchsichtig bezeichneten Variablen, verirrt sich in einem Labyrinth aus chaotischen Zuordnungen, die nur für denjenigen kurzfristig einen Sinn ergeben, der sie programmierte. Eine vergessene Variable oder eine zu viel, und das ganze Konstrukt ändert seine Funktion – nur dass das erst im Endergebnis sichtbar wird … wenn man Glück hat. Die Gefahr besteht darin, so etwas zu übersehen und mit einer Datenbank zu arbeiten, die falsche Ergebnisse aus zwielichtigen Datenzusammenhängen erstellt, die sich im Nachhinein nicht mehr voneinander trennen lassen. Das ist so ähnlich, als würde jemand stets dieselben zwei Wörter in einer fremden Sprache verwechseln. Aus Höflichkeit machen ihn die Eingeborenen nicht darauf aufmerksam. Immer wieder tritt er in diesen äußerst peinlichen Fettnapf, ohne es zu merken. Bis eines Tages der Irrtum auffliegt und er im Nachhinein plötzlich erkennt, warum er nie Freunde gewinnen konnte … Wenn er Glück hat, wie gesagt.

»Als erste Maßnahme sichern wir mal Programm und Daten«, beschloss ich.

»Super«, hauchte die Chefin, legte mir ein großes blaues Badehandtuch mit dem Logo ihrer Tauchschule um die Schultern und bot mir den Platz vor ihm an.

»Danke«, sagte ich und dann noch mal, als der Kaffee kam.

Die Datenbank startete einwandfrei, ich initialisierte die Programmieransicht und schaute dann verdutzt auf die kurvigen Zeichen.

»Das ist … arabisch«, übersetzte die Chefin.

»Das dachte ich mir«, scherzte ich. »Ich bin zwar vertraut mit dem Programm, aber leider kann ich nicht lesen, was da steht.«

Immerhin gelang es mir, die Abrechnungsmaske wieder verfügbar zu machen.

Die Chefin bedankte sich herzlich, dennoch spürte ich ihre Enttäuschung. Zwar hatte ich ein bisschen etwas gerettet, aber lange nicht alles. Mit leisem Bedauern begriff ich, dass mir soeben Heldenstatus und Freitauchen durch die Finger geronnen waren.

»Quatsch«, meinte Sonja. »Allein, dass du dich getraut hast, mit mir hierherzufliegen, das ist schon heldenhaft.«

Wie recht sie damit hatte, erfuhr ich bei der Heimkehr.

Harte Landung

Man kennt das. Nach einem Ausflug in die Sonne landet man in einer Suppe aus grauem Zwielicht und findet sich in einer dahinhetzenden Menschenmenge wieder. Aus allen Wolken gefallen, von klingelnden Handys umgeben – ach ja, genau: Alltag einschalten. Das Handy, etwas irritiert über den Wechsel des Kontinents, brauchte eine Weile, um sich einzuloggen. Und dann purzelten sie auch schon an: Anruflisten, SMS, Mobilbox randvoll. Mit jeder weiteren Nachricht verfinsterte sich meine Miene. Sonja und ich wollten zum Abschluss unserer schönen Reise essen gehen. Die Portionen wurden immer kleiner, und schließlich hatte sie mein Handy verschlungen.

»Schlimm?«, fragte Sonja mitfühlend.

»Sieht so aus«, nickte ich. Die Mobilbox irritierte mich. Wenn ein Kunde einen Notfall hatte, rief er nicht bloß einmal an, sondern immer wieder und sprach auch immer wieder auf die Mailbox. Der Fehler zog sozusagen einen Kurzschluss im Kommunikationsverhalten nach sich.

Neben Sonja wartete ich vor dem schwarzen Loch mit dem steifen Gummivorhang auf mein Gepäck. Eine Runde nach der anderen drehte das Förderband. Leer. Ich hörte die Mailbox ab. Vorgestern hatte das Drama begonnen. Bei den ersten Anrufen klang die Stimme meines Großkunden noch relativ normal. Bei seinem letzten, den er vor zwei Stunden abgesetzt hatte, erkannte ich die Stimme kaum mehr. Schrill wäre beschönigend. Und das bei einem Ein-Meter-neunzig-Mann mit Resonanzkörper.

Ich wählte die Nummer der Firmenzentrale. Im rechten Augenwinkel, wie ein Cursor, blinkte mir mein Rucksack zu, der soeben aufs Förderband plumpste.

»Frau Kammerer, Gott sein Dank, dass Sie anrufen!«, begrüßte mich die Sekretärin. Aha, so schlimm, registrierte ich. Die Stimme der Sekretärin wankte nicht, als sie mir eine Katastrophe nach der anderen mitteilte. Firmenintern wurde sie *Das Drahtseil* genannt und war stolz auf ihr stabiles Nervenkostüm. Sie wusste alles, was sich in der Firma tat – oder eben nicht. Ihr Chef antwortete einmal folgendermaßen auf eine Frage eines neuen Abteilungsleiters: »Wenn Frau Brand nichts davon weiß, gibt es diesen Sachverhalt bei uns nicht.«

Frau Brand schilderte mir die Ereignisse übersichtlich in chronologischer Reihenfolge, wozu sonst niemand im Betriebsumfeld in der Lage gewesen wäre. Ach, gäbe es doch überall Frau Brands! Der Dramatik entsprechend wählte sie das historische Präsens. »Montags ruft ein Monteur an, der im Maschinenraum ein neues Gerät anschließen soll. Das benötigt Drehstrom, also muss der Strom abgestellt werden, um diesen Anschluss zu legen. Kein Problem, sagt der Hausmeister. Der Hausmeister!«, wiederholte Frau Brand empört.

»Und der Hausmeister hat grünes Licht gegeben, den Strom abzustellen«, kombinierte ich.

»Hat er«, seufzte Frau Brand.

Nun seufzte ich auch. Ein bisschen. Wenn Frau Brand es wagte.

»Dienstag ging dann bei uns gar nichts mehr«, fuhr sie fort. »Moment, das ist nicht korrekt: Die neue Pumpe lief.«

»Aha«, bestätigte ich die Information, die mir im Moment noch nichts über den Fehler verriet.

»Ansonsten ging wirklich nichts mehr. Wir bekamen keine Mails, die Kalender waren nicht verfügbar, die Mitarbeiterverwaltung ließ sich nicht starten, keine Faxe, Word war nicht aufzurufen.«

Ich unterdrückte meinen zweiten Seufzer.

»Wir haben dann Ihre Urlaubsvertretung informiert. Der war auch sofort da.«

»Und?«

»Hat irgendwas gemacht, und dann lief alles wieder. Aber leider nur kurz, ungefähr für eine Stunde – und seither erreichen wir ihn nicht mehr.«

Kummervoll schüttelte ich den Kopf und konnte mir bildgewaltig vorstellen, wo sich meine Urlaubsvertretung aufhielt. Wo war noch mal dieses Administratorencamp in der Südsee …

Vor dem Flughafengebäude stieg ich in ein Taxi und nannte die Adresse meines havarierten Kunden. Da klingelte mein Handy schon. Frau Brands Chef. Ohne mich zu Wort kommen zu lassen, erklärte er mir, dass ich fahrlässig gehandelt hätte. »Frau Kammerer! In den Urlaub fahren! Das können Sie nicht! Sie müssen immer, ich buchstabiere, immer, erreichbar sein! Hier sitzen 55 Leute und können nicht arbeiten! Wie stellen Sie sich das denn vor? Da kann ich den Betrieb ja gleich schließen!«

»Stimmt«, warf ich ein.

Das brachte ihn zur Besinnung.

»Na, man muss schon mal in den Urlaub. Aber doch nicht drei Wochen!«

»Das waren acht Tage«, erinnerte ich ihn.

»Sag ich doch«, wurde er handzahm, in diesem Moment immerhin ein Abhängiger, »viel zu lang.«

Ich lehnte mich in das Polster. Vor dem Fenster zog die Startbahn des Flughafens vorbei. Ich versuchte, den Blick von meinem Hotelzimmer aus der hinteren Datei in meinem Gehirn zu ziehen. Auf den inneren Desktop schaltete ich die bunte Fischwelt als Hintergrund, mitsamt dem langen Blubbern, das ertönt, wenn man unter Wasser atmet.

Frau Brand schenkte mir eine Tasse Kaffee ein, dann kümmerte ich mich um den überspannten und unterversorgten Server. Wenn man Geräte so lange gehegt und gepflegt, eigenhändig zusammengebaut und alles darauf sorgsam abgestimmt installiert hat, sind sie einem ans Herz gewachsen. Man sieht es nicht gern, wenn jemand ihnen achtlos vors Schienbein kickt – und sich dann noch darüber beschwert, dass sie das nicht verkraften, zart besaitet, wie sie nun mal sind. Und man sieht nicht gern, wenn man die lieben Kleinen ohne Not einer Gefahr aussetzt. Ist der Strom wieder da, gibt die USV, die unterbrechungsfreie Spannungsversorgung, den kostbaren Saft sofort an die Server weiter. Die dann hochfahren. Hoffentlich. Und zwar in einer ganz genau festgelegten Reihenfolge. Die muss stimmen, sonst bleiben garantiert einige Funktionen auf der Strecke. Es ist ein feines Zusammenspiel aus Anmeldungen, Rechten und Aufgaben, die diese Server miteinander abgekartet haben.

Eine USV wünschen sich nicht nur Computer, sondern auch die meisten Menschen, gerade in Beziehungen. Und wie sollte es anders sein: Italienische Hersteller brillieren hier mit besonders hochwertigen Geräten.

Es dauerte Stunden, bis ich die Anlage wieder aufeinander abgestimmt hatte. Einige Daten waren leider nicht mehr wiederherzustellen; ich konnte lediglich die letzte Sicherung zurückspielen, was bedeutete, dass auch die nicht zugestellten Mails von uns gegangen waren, da der Zeitraum, in dem das Netz versuchte, sie abzuliefern, überschritten wurde. Dies konnte den Verlust einiger Aufträge bedeuten.

Müde verließ ich den engen Serverraum und gelangte durch eine gläserne Drehtür ins Freie. Kalte Luft schlug mir entgegen, es war schon dunkel und neblig. Ich strengte mich sehr an, einen plausiblen Grund zu finden, weshalb ich die Sonne Nordafrikas heute Morgen hinter mir gelassen hatte. Und warum ich nicht sofort wieder zurück sollte. Ein unangenehmer Termin stand mir am nächsten Morgen bevor. Der Firmenchef hatte mich gebeten, an der Abteilungsleiterkonferenz teilzunehmen. Nur in zweiter Linie ging es hier um die Funktionsfähigkeit der Geräte. Wichtiger war die der Mitarbeiter, also die Stimmung derjenigen, die mit den Rechnern arbeiteten. Ich konnte mir gut vorstellen, was sich der Chef in den vergangenen Tagen hatte anhören müssen in den Abteilungen, die EDV-technisch sozusagen auf drei Rädern herumgeeiert waren. Immerhin wollte mir der Chef die Gelegenheit geben, diesem Unmut mit der nötigen Vehemenz zu begegnen. Trotzdem war das nicht die Chance, auf die ich mein Leben lang gewartet hatte. »Die

kennet mi mol von der andere Seite kennalerna«, grummelte ich vor mich hin, um vielleicht über meinen Dialekt in
der Heimat anzukommen.

»Ich werde nie wieder in den Urlaub fahren«, sagte ich zu
meiner Basis. »Das ist viel zu anstrengend.«

  »Aber nun wäre ich dran! Du warst jetzt mit einer Freundin in Ägypten, jetzt sollten wir mal wegfahren.«

  »Wie denn? Wenn hier alles den Bach runtergeht?«

  »Computer wurden erfunden, den Menschen zu entlas-
ten, nicht, um ihn zu knebeln und zu fesseln!«

  »Dein Wort in Gottes Ohr«, erwiderte ich einfallsarm.
Ich war viel zu müde für eine Lösung. Mein Ideenreichtum
ging gegen null. Und bei null konnte er auch bleiben. Das
Universum erhörte meine stille Bitte oder den Funkverkehr
meiner Basis. Zwei Tage später geschah das Wunder: Ich
lernte Sankt Martin kennen.

GLERNT = GLERNT

Ich suchte schon lange nach einem Mitarbeiter, doch keiner von denen, die mir das Arbeitsamt oder das Schicksal schickten, hatte wirklich gepasst. Anfangs war mir gar nicht bewusst gewesen, welche Eigenschaften ein guter Kollege mitbringen muss, damit die Zusammenarbeit funktioniert. Und als ich es dann wusste, erinnerte es mich an die Stellenausschreibungen in der Rubrik *Heute schon gelacht:* Junges Erfolgsteam sucht motivierte Verstärkung! Voraussetzungen: Anfang 20, promoviert, zwei Jahre Auslandsaufenthalt, drei Fremd-, vier Programmiersprachen fließend erwünscht, Gehalt nach der Probezeit von zwölf Monaten.

Analog dazu musste mein Administrator absolut vertrauenswürdig sein, da er Zugriff auf alle Daten der Kunden hätte. Er musste bedenklich viel technisches Know-how mitbringen, einige Jahre Erfahrung nachweisen und darüber hinaus auch noch kommunizieren können, was sich in meiner Branche gelegentlich ausschließt: je technisch versierter, desto stummer. Bei der Fehlersuche musste ich mich hundertprozentig darauf verlassen können, dass wirklich kontrolliert worden war, was er oder sie behauptete – war etwas Entscheidendes nicht überprüft, von dem man glaubte, dass es das wäre, zog sich die Suche womöglich bis in die Ewigkeit. Bei all diesen Anforderungen durfte er nicht geldgierig sein, denn oft sind die angefallenen Stunden in keinem Verhältnis zum Problem, also nach meinem Verständnis nicht abrechenbar. Aus diesem Grund hatte ich mich auch von den Privatkunden zurückgezogen. Ich brachte es, ökonomisch unverantwortlich, oft nicht übers Herz, einem Privatmenschen die Arbeit in Rechnung zu stellen, die ich geleistet hatte.

Um es kurz zu machen: Man muss den Job mögen, wenn nicht noch mehr. Ich hatte in der Vergangenheit schon häufiger nach der »eiermilchlegenden Wollsau« gesucht, doch jedes Mal war die Zusammenarbeit an einem der vorgenannten Punkte gescheitert. Zudem brauchte ich eine zuverlässige Bürokraft, um den in meinen Augen unverhältnismäßig zeitfressenden Verwaltungskram zu erschlagen – bevor er mich erschlagen würde.

»So kann es nicht weitergehen!«, sprühte meine Basis Funken, was ich selbst wusste, denn ich konnte die viele Arbeit unmöglich allein bewältigen. Es wäre vielleicht machbar gewesen, wenn Systeme nach dem Einrichten einfach funktioniert hätten. Aber das taten sie leider nicht. Sie zuckten mal hier und mal dort, und da sie von Menschen bedient wurden, konnte ständig der Super-GAU geschehen. Wochenende war in dieser Zeit ein Fremdwort für mich, das immerhin den Vorteil bot, dass ich einigermaßen in Ruhe arbeiten konnte, da weniger Kundenanrufe anbrandeten.

Und nun wollte auch noch einer meiner größeren Kunden neue Büroräume beziehen! Toll für ihn. Der Horror für mich. Am besten, ich würde gar nicht mehr schlafen. Aber neugierig war ich schon und fuhr zu unserem Meeting. Es trafen sich: Techniker für Netzwerk (ich) und Telefon (Martin), Elektriker (Depp), Architekt (netter CDU-Wähler) und Inhaber des Unternehmens (ehemals SPD-Bürgermeister, heute Chef von 120 MitarbeiterInnen), um die nötige Verkabelung der Räume zu besprechen. Wie sich herausstellte, war dort alles schon einmal verkabelt gewesen. Im Serverraum entdeckten wir ein Bild sinnloser Zerstörung: Alle Kabel waren zu kurz gekappt und hingen wie Mahnmale aus der Wand. Der Serverschrank musste herausgerissen worden sein. »So was habe ich noch nie gesehen«, staunte der Telefonmann.

Um den Schrank samt Inhalt aller Patchfelder, auf denen die Kabel angeschlossen werden, mitnehmen zu können, hatte man kurzerhand die Verkabelung zerstört. Wir waren schockiert. Ein solcher Schrank kostete um die 900 Euro, die Verkabelung mehrere tausend.

»Des kascht bloß lasse.« Martin, der Elektriker und ich waren uns einig.

Der Chef wollte das nicht akzeptieren. »Aber die Kabel sind doch noch alle da, auch wenn sie aussehen wie entgleiste Spaghetti. Mich stört das nicht, sie müssen ja bloß ihren Dienst tun!«

Martin seufzte. »Von denne Kabel woisch bei koim, wo's rauskommt. Da musch elles durchteschte und schaua, wo welcher Bändel uffhert. Und no isch immr no ned raus, ob's Kabel ned he isch.«

»In Netzwerken gehen circa 80 Prozent aller Fehler auf das Konto der Verkabelung«, fügte ich hinzu.

Martin grinste. »Da bin i grad froh, dass i mi bloß ums Telefon kümmre muss. Die tuten scho, wenn zwei Adre no guad sin. An Computer brauch acht davo …«

»Was meint er damit?«, wendete sich der Chef nervös an mich und bezog sich nicht auf den Dialekt des Telefonmanns. Ich entnahm den Druck der exponentiell ansteigenden Kosten in seinem Inneren seinen angespannten Gesichtszügen. Leider konnte ich Martin nicht widersprechen. »Mein Kollege hat recht. Netzwerkkabel bestehen aus acht feinen, umeinandergedrehten Adern, die sehr empfindlich auf Knicken oder falsches Anschließen reagieren. Ist ein Kabel gebrochen, sieht man sofort, dass nichts geht. Aber ein kleiner Wackler in einer der Adern kann bereits das ganze Netz stören. Solche Fehler zu finden kann ewig dauern, besonders, wenn die Anzahl der Kabel so groß ist wie hier.«

»Ewig dauern«, murmelte der Chef.

»Wenn da der Wurm drin isch, bassiered die komischste Sache«, ergänzte Martin.

»Wie bitte?«, fragte der Chef.

Martin räusperte sich und schaltete auf das hochdeutsche Sprachmodul. »Das hatte ich einmal, da trat immer wieder die Meldung auf *Ungeklärter allgemeiner Fehler.* Aber nicht etwa immer am selben Rechner, sondern mal hier, mal da. Ich suchte fast eine Woche, bis ich das kaputte Kabel fand.«

Ich nickte. »Genau so einen Fall meine ich. Sehr unbeliebter Fehler, nur die Auskunft, die man kriegt, ist witzig.«

»Welche Auskunft?«, wollte der Chef wissen. Seine Stimme klang belegt.

»Wie die Meldung weitergeht«, erklärte ich, »nämlich so: Sollte der Fehler wiederholt auftreten …«

Martin prustete los: »Sehr witzig! Genau das tut er ja eben!«

»... wenden Sie sich an Ihren Administrator«, fuhr ich fort.

»So stehe ich dann ratlos vor mir selbst«, ergänzte Martin.

»Also gut, also gut«, unterbrach der Chef. »Dann machen Sie eben alles neu.«

Keinem von uns gefiel diese Lösung, doch sie war notwendig.

Im Serverraum besprachen Martin und ich die Lage. »Woher wissen Sie über Netzwerke so gut Bescheid?«, fragte ich ihn.

Er zwinkerte mir zu. »Glernt isch halt glernt.«

Ich schaute ihm in die Augen und wusste: Das ist er. Das ist der Mitarbeiter, den ich seit langem suche. Als erste Maßnahme bot ich ihm das Du an. Als zweite Maßnahme lud ich ihn mittags zum Essen ein. Wir hatten viel Spaß miteinander. Dieser Mann bestätigte mit fast jedem Satz meinen Eindruck von ihm. Mein perfekter Mitarbeiter! Ich machte ihm einen Antrag. Martin lachte. Dann wollte er wissen: »Wer bist du überhaupt? Was hast du bisher gemacht? Woher kommst du?«

Ich grinste. »Vom Mars. Da habe ich gelernt, Windows beliebig oft herunterzufahren und keiner Fehlermeldung blind zu glauben. Außerdem kann ich Schraubenzieher bedienen, CDs in den Kaffeehalter vorne am Gehäuse schieben und telefonieren.«

»Ich bin beeindruckt!«

»Das freut mich!«, gestand ich und drehte den Spieß um. Warum sollte sich bei einem Vorstellungsgespräch nicht zuerst die Chefin outen? Ich beschloss, ganz vorne anzufangen, dort, wo junge Menschen ins Leben entlassen werden: »Nach dem Abi zog ich ins Haus meiner Oma, sie hätte sich alleine nicht mehr versorgen können. Die Zeit bis zu meiner Gärtnerlehre verbrachte ich mit Jobben. An einer Tankstelle, auf einem Bauernhof, in der Schnapsbrennerei, und einmal briet ich Hamburger«, ich sprach das deutsch, nicht englisch aus, und Martin grinste von einem Ohr zum anderen, »alles Mögliche eben. Dann habe ich Philosophie studiert.«

»Holla!«, sagte Martin.

»Und du?«, fragte ich ihn.

»Ich hatte ein Landwirtschaftsstudium angefangen«, erzählte er. »Aber dann war in unserer eigenen Bio-Gärtnerei so viel zu tun, dass meine Familie es nicht mehr geschafft hätte – und einen Angestellten konnten wir uns nicht leisten.«

»Du bist Gärtner?«, staunte ich. »Woher weißt du so viel über Rechner?«

»Das hat mich interessiert. Nebenher machte ich die EDV für einen Bio-Großhändler, Obst und Gemüse. Der expandierte munter, und mit ihm seine EDV. So hat es angefangen. Später habe ich mich selbständig gemacht. Mir gefällt das ganze Computerzeugs.«

Ich hob mein Glas. »Mir auch!«

»Erinnerst du dich an deine erste Begegnung mit einem Computer?«, fragte Martin.

»Du meinst das allererste Mal?«

»Jep!«

»Meine erste Begegnung … hm, das war bei Ron, einem Freund von mir, Amerikaner. Er arbeitete als Übersetzer und hatte sich gerade einen Computer zugelegt, eine kleine Kiste mit zwei großen Laufwerken für diese frühstückstellergroßen weichen Disketten.«

»Kenne ich«, warf Martin ein.

»Eines Abends besuchte ich Ron und hörte schon im Treppenflur, wie jemand in der Wohnung hin und her lief. Ron öffnete die Tür erst nach mehrmaligem Klopfen. Ohne ein Wort der Begrüßung ließ er mich stehen und setzte seinen Marsch den Gang auf und ab fort. ›I'm going to throw the whole thing out of this very window!‹ Dann raufte er sich die Haare. Das hatte ich noch nie bei ihm gesehen. ›The closed window! It has eaten up my last 22 hours of translation!‹ Ron war am Durchdrehen.«

»Verständlich«, nickte Martin.

»Als Ron sich beruhigt hatte, hockten wir die halbe Nacht vor der kleinen Kiste und kratzten gemeinsam den Text wieder zusammen. Hat irgendwie Spaß gemacht – also, mir jedenfalls.«

»Und das machst du jetzt hauptberuflich, freiwillig? Obwohl du Philosophie studiert hast?«, staunte Martin.

»Nur kurz«, beschwichtigte ich schnell, während vor meinem inneren Auge diese verrückte Zeit der 1980er Jahre auftauchte.

Ich hatte mich verliebt. Nicht nur in einen Menschen, sondern auch in die Philosophie. Wegen beidem wollte ich in Konstanz studieren. Nach einer Woche Philosophie war mir klar, dass mein Interesse für dieses wunderbare Fach das Studium nicht überleben könnte. Doch als ich vor dem Schwarzen Brett an der Uni stand, suchte ich keine Studienalternative, sondern ein Zimmer. Ich kam ins Gespräch mit einem Kommilitonen. »Hab mich gerade für Physik eingeschrieben«, ließ er mich wissen.

»Geht das denn noch?«

»Die suchen sogar Leute.«

»Danke!« Ich spurtete Richtung Sekretariat. Philosophie oder Physik – beides begann mit Ph, und ich hatte viele Möglichkeiten, quer einzusteigen, ob in den Agrarwissenschaften oder der Biologie. Als ich meinem Vater von meinem neuen Studiengang erzählte, hielt er mich endgültig für übergeschnappt. »Physik. Gerade du!«

Ich verübelte ihm das nicht, denn die drei Fächer, mit denen ich während der Schulzeit die größten Probleme gehabt hatte, lauteten Physik, Mathematik und Chemie. Doch Studium war ja etwas ganz anderes! Ich erhoffte mir erste Einblicke in die Tiefen der Wissenschaft. Mit diesen Tiefen wollte ich verstehen, wie es der Menschheit gelingen würde, den Planeten zu zerstören – mir schwante, dass Technik hierbei eine nicht unerhebliche Rolle spielte. Aber nicht nur beim Planetenversenken, sondern auch beim Planetenretten!

Die skeptischen Bemerkungen meines Vaters hörte ich mir an, bis ich das Vordiplom in der Tasche hatte. An diesem Tag kam mein Vater höchstpersönlich angereist, um mir zu gratulieren. Meine Mutter erlebte diese Feierlichkeit leider nicht mehr. In den Augen meines Vaters las ich, dass er sehr erleichtert war, weil nun auch aus der jüngsten seiner Töchter »jetzt ebbes Anständigs« werden würde.

Für meinen Vater war Technik ein Buch mit sieben Siegeln. Wenn etwas kaputt war, wäre er niemals auf die Idee gekommen, das zu reparieren, da würde er es womöglich noch kaputter machen. Da war ich anderer Meinung. Ich wollte es wenigstens probieren.

»Ned olanga! Machsch eh bloß hi!«, warnte er mich.

»Nein, ich repariere es.«

Mit einem resignierten Seufzen wendete er sich vom Schauplatz des Grauens ab. Gelang die Reparatur wider Erwarten, nahm er dies kommentarlos zur Kenntnis. Ich weiß, dass es nicht am fehlenden Zutrauen zu meinen Fähigkeiten lag. Technik war ihm einfach suspekt. Solche Leute gibt es. Einer meiner Philosophieprofessoren, ein Gastdozent aus Colorado, erinnerte mich diesbezüglich oft an meinen Vater. Unvergessen ist mir der Moment, in dem ich ihn kopfschüttelnd vor seinem Fahrrad fand, das an einer Mauer auf dem Unigelände lehnte. »It just broke down, completely.«

Jetzt schüttelte ich den Kopf. Das Rad hatte doch nur einen Platten! Den reparierte ich gern, vor allem, da die benötigten Werkzeuge in der Satteltasche steckten. Fassungslos beobachtete mich der Professor dabei. Dann fragte er in nachdenklichem Ton: »How come things get fixed around you, while they break down around me?«

Der Beruf meines Vaters brachte es mit sich, dass er häufig sehr teure Geschenke erhielt, darunter viel technischen Schnickschnack, was eben gerade so angesagt war. Wenn wir uns trafen, überreichte er mir diese Dinge wortlos, meistens in der Originalverpackung. Zweifellos wären sie kaputt, sobald er sie auspackte. So kam ich zu meinem ersten Handy in der Größe eines Braunkohlebriketts mit dazugehöriger fingerdicker Gebrauchsanweisung. »Des kosch doch sicher braucha«, wusste mein Vater.

Als ich mein Diplom in der Tasche hatte, ließ sich mein Vater zu einem Gefühlsausbruch hinreißen: »Schier däd i saga, des hasch jetzt guad gmacht.«

Durch und durch Schwabe, beherzigte mein Vater die landestypische Philosophie: Ned gschumpfe isch gnuag globt.

DAS PAPAGEIENORAKEL

K ann er sprechen?«, fragte ich bei meinem zweiten Besuch in der Firma.

»Klar kann er – na ja, einzelne Worte. Er war lange Zeit bei einem fahrenden Händler und hat da einiges aufgeschnappt«, erklärte mir eine Mitarbeiterin des Unternehmens, die mit ihren blauen Augendeckeln und den sehr roten Lippen, mit der türkisfarbenen Bluse und dem roten Rock auch ein bisschen wie ein Papagei aussah. Gleich und Gleich gesellt sich gern. Ich fand diese Firma sehr sympathisch. Eine Voliere war mir in einem Bürohaus noch nie begegnet. Der Graupapagei musste auch nicht alleine sitzen, zwei kleine Papageien einer anderen Sorte leisteten ihm Gesellschaft und belebten die Büroatmosphäre. Sicher beflügelten die Vögel das Betriebsklima.

»Und was sagt er dann so, wie hören sich seine geflügelten Worte an?«, erkundigte ich mich.

Die Mitarbeiterin musste nicht lange überlegen. »Morgens sagte er: ›Hereinspaziert, hereinspaziert!‹ Darüber haben wir uns natürlich am Anfang alle köstlich amüsiert.

Leider hat er auch ziemlich unangenehme Geräusche im Repertoire, sogar vorwiegend. Er rülpst täuschend echt, das geht so ab 11.20 Uhr los, wenn die ersten Mitarbeiter zur Kantine aufbrechen. Und ab 15 Uhr gähnt er lautstark. Schnarchen kann er ebenfalls. Wir nennen ihn deshalb auch das Orakel.«

Ich musste an mich halten, um nicht laut herauszuplatzen.

Die Mitarbeiterin sprach in sachlichem Tonfall weiter. »Wir haben uns überlegt, dass der Vorbesitzer, er betrieb ein Panoptikum, gewisse Spiele gemacht haben muss, zum Beispiel das, wo man drei Hütchen nebeneinanderstellt und unter einem etwas versteckt. Die werden dann …«

»… verschoben!«, ergänzte ich und fühlte mich in meine Kindheit zurückversetzt. »So etwas gibt es heute noch?«

»Keine Ahnung. Der Chef hat Bobby seit über 30 Jahren. Solche Papageien können an die 100 Jahre alt werden.«

Ich nickte beeindruckt. Dann kam das mit der Kindheit ja ungefähr hin.

»Wenn man Bobby drei Sachen zeigt«, fuhr die Mitarbeiterin fort, »kräht er: das Mittlere! Das Mittlere!'«

»Und was sagt er, wenn es nur zwei Hütchen sind?«, erkundigte ich mich und erntete einen abschätzigen Blick. Solche miesen Intelligenztests waren offensichtlich unter dem Niveau und Wertesystem dieser Firma. Gute Voraussetzungen für meine neue Partnerschaft mit diesem Betrieb.

Am heutigen Vormittag sollten drei Softwarehersteller ihre Produkte präsentieren. Der Chef des Unternehmens hatte mich gebeten, ihm beratend zur Seite zu stehen. Welches der angebotenen Programme würde am besten zu den Anforderungen der Firma und zur vorhandenen Hardware passen? Das Spektrum der Produkte reichte von hoch komplexen, alles mit allen verzahnenden Programmen bis zu sehr einfach gestrickten Modellen, die wie eine bessere Excel-Tabelle aufgebaut waren. In einer Kaffeepause ging der Spieltrieb mit dem Chef durch, und er klickte begeistert durch die Anwendungen, obwohl er keinen blassen Schimmer hatte, was sie bedeuteten, Hauptsache, sie waren da und so schön bunt: »Himmel, was man hier alles auswählen kann! Wenn wir das nehmen, brauchen wir nichts anderes mehr. Full Service! Das Programm kann Sachen, von denen wir nicht mal wissen, ob wir sie jemals benötigen werden.«

Frau Pfund, die Leiterin der Personalabteilung, schloss sinnbildlich die Tür des Kinderzimmers. »Und wenn wir sie vielleicht irgendwann in ferner Zukunft einmal brauchen könnten, sind sie veraltet. Aber noch viel wichtiger: Wer soll das bei uns bedienen? Die Kollegen verlaufen sich in den tausend Winkeln dieser Menüs! Wir müssten weitere Mitarbeiter einstellen, das würde ohnehin nicht schaden, wir kommen ja kaum mehr nach, und wenn wir jetzt auch noch ein neues Programm einstudieren müssen, wann sollten wir dann das Tagesgeschäft erledigen?«

Frau Pfund hatte recht. Das gefiel dem Chef nicht. »Was meinen Sie dazu, Frau Kammerer?«

Ich überlegte kurz. »Ich kenne Ihre Mitarbeiterinnen noch nicht gut genug, um sie diesbezüglich einschätzen zu können. Aber ich kann gerne Testversionen besorgen, dann können sich die entsprechenden Nutzer in einem Praxistest ein besseres Bild machen.«

Zwei Wochen danach saßen zwei der Mitarbeiterinnen ziemlich verwirrt vor dem komplexen System.

»Was will der denn eigentlich von mir wissen?«, fragte die eine, mit einer reichlich unverständlichen Meldung konfrontiert. *Daten jetzt konsolidieren – ja, nein, abbrechen.*

»Und wo ist eigentlich der Chef?«, wollte ihre Kollegin wissen. »Das ist doch sein Programmfavorit! Kaum wird es schwierig, löst er sich in Luft auf.« Um die Fahndung nach ihm einzuleiten, riss sie mit viel Schwung die Bürotür auf – und blieb dann wie angewurzelt stehen. Plötzlich wirkte sie wie eingefroren, das passte überhaupt nicht zu ihrem energievollen Aufspringen – und dann sagte sie auch noch mit tiefer Stimme: »Ruhig, gaaanz ruhig.«

Was war das? Ein Mantra? Bluthochdruck? Eine Art Meditation, eine Empfehlung ihres Hausarztes? Zählte sie innerlich bis zehn?

Ratlos schaute ich ihre Kollegin an, die mir grinsend ins Ohr flüsterte: »Bei ihrem letzten Ausbruch hat es den Graupapagei vor Schreck von der Stange gehauen. Das ist ihr wohl gerade eingefallen, und sie befürchtet, dass sich das wiederholen könnte. Der Chef liebt seine Papageien.«

… Und wer einen Papagei von der Stange haut, fliegt selbst, dachte ich.

Als ich drei Stunden später im Büro des Chefs saß, konnte ich mir das gar nicht vorstellen. Er war sehr verständnisvoll und wirklich am Wohlbefinden seiner Mitarbeiter interessiert. Als kluger Mann wusste er, dass die maßgeschneiderte Technik ein entscheidender Aspekt war. Wenn Mitarbeiter ihre Rechner nicht bedienen konnten, dann wollten sie es auch nicht und boykottierten so automatisch den Erfolg. Auch für die Papageien wäre dies keine gute Lösung. Man muss die Dinge immer bis zum Ende denken. An den Computern hängen die Menschen, daran die Papageien, und wenn sie aus dem Käfig oder aus der Firma fliegen, vereinsamen die Computer. Ich schlug dem Chef die mittlere Programmversion vor. »Sie ist zwar nicht so komplex wie Ihre Lieblingslösung, dafür aber übersichtlich gestaltet und sehr gut bedienbar. Zudem können die Daten automatisch an die Buchhaltung übergeben werden. Für Ihren internen Arbeitsablauf stellt das eine große Erleichterung dar. Und Ihre Mitarbeiter hätten so auch mehr Erfolgserlebnisse. Das würde sie motivieren. In Ihrem Team sind ja einige temperamentvolle Mitarbeiter. Ihre Arbeitsmoral würde sonst gegebenenfalls durch die Frustration, in den hoch komplexen Anforderungen des von Ihnen präferierten Programms zu versagen, in den Keller absinken. Und last, but not least: Denken Sie doch auch mal an den Papagei.« Der Chef lehnte sich zurück, schaute mich lange an und wollte dann wissen: »Was haben Sie eigentlich studiert? Informatik? Oder doch Psychologie?«

DIE PARTITUR DER PHYSIK

Ich habe die Wahl meines Studiums nie bereut. Es offenbarte mir eine Art zu denken, die mich faszinierte – und es öffnete mir die Tür zur Technik. Einer meiner Professoren galt als Genie. In seinen Vorlesungen füllte er die gesamte Tafel mit kryptisch aussehenden Zeichen, die das Verhalten der Materie beschrieben; Wellengleichungen, Exponentialfunktionen, die vom Moment bis ins Unendliche reichten. Spätestens wenn die Tafel zu einem Drittel vollgeschrieben war, hatte er uns abgehängt, was ihn nicht störte. Leidenschaftlich gab er sich seinem Kreiderausch hin, wandte sich nicht um, schien uns vergessen zu haben, glücklich in seinem eigenen Kosmos. Wenn er alles Wichtige gesagt hatte, trat er einen Schritt zurück und betrachtete sein Werk. Gelegentlich fand er dann einen Fehler. Stürmte mit den Worten »Da stimmt was nicht!« nach vorn und korrigierte eine Zahl, ein Zeichen. Damit gab er uns den Rest. Wenn wir schon nicht verstanden, was er aufgeschrieben hatte, wie sollten wir verstehen, was daran nicht stimmte?

»Vielleicht ist da gar kein Fehler«, mutmaßte einmal ein Kommilitone. »Vielleicht behauptet er das nur, in der Hoffnung, jemand möge ihm widersprechen.«

Die Minuten, in denen dieser Professor mit dem Rücken zu uns vor der Tafel stand, beeindruckten mich zutiefst. Sein ganzer Körper schien die Gleichung aufzunehmen, nachzuempfinden. Für ihn lebten die Zahlen, kein Zweifel, genauso wie die Partituren der Musikstudenten, wenn sie in der Oper verzückt mitlasen.

Es faszinierte mich, dass es eine Sprache gibt, mit der Materie beschrieben werden kann. Dass es möglich ist, mit Mathematik das Verhalten eines Partikels zu beschreiben, den ich mit bloßem Auge nicht einmal erkennen kann. Das bedeutet, dass es eine der Welt zugrunde liegende Struktur geben muss, für die sich eine Sprache finden lässt … temporär. Eine Theorie ist in der Wissenschaft immer temporär. Was heute noch ein unumstößliches Gesetz sein mag, ist morgen schon widerlegt, erweitert, nur noch ein Aspekt, eine Welle statt Teilchen: Schnee von gestern.

Dass es sich bei Physik um eine Männerdomäne handelt, wurde mir erst im dritten Semester bewusst. Als ich in einer Mathe-Vorlesung mal wieder jeden Faden verloren hatte und sich meine Verdachtsmomente als fadenscheinig erwiesen, blickte ich mich im Hörsaal um und stellte zu meiner Verblüffung fest … erstens: Da sitzen lauter Männer. Zweitens: Karierte Hemden müssen unter Physikstudenten der Hit sein.

Insgesamt waren wir 70 Studenten, davon vier Frauen. Zwei meiner Geschlechtsgenossinnen waren nicht ansprechbar, obwohl ich es mehrfach versuchte. Sie reagierten einfach nicht. Ich unterstellte ihnen keine ablehnende Absicht. Sie waren einfach besser als ihre männlichen Kommilitonen, und zwar in jeder Disziplin, also auch in der Sozialstörung. Vielleicht hätte ich es mit einer Gleichung versuchen sollen. Immerhin, die dritte Frau war sehr nett, leider eine Portugiesin, die kein Wort Deutsch sprach. Das brauchte sie auch nicht bei unseren Professoren. Die einzige Physikerin, bei der ich Anschluss fand, war schon einige Semester weiter: Astrid. Sie war genauso normal wie ich, wobei mir natürlich klar war, dass auch die beiden unansprechbaren Studentinnen sich für normal hielten.

Mit einigen meiner Mitphysiker verband mich rasch eine enge Freundschaft. Wir verbrachten viel Zeit zusammen. Ich selbst merkte es nicht, meine damalige Basisstation machte mich darauf aufmerksam, dass sich mein Blick auf die Welt veränderte, was sich in meiner Sprache manifestierte. Beim gemeinsamen Kochen stellte ich fest: »Der Geschmack einer Zucchini ist eine Konstante.«

»Vielleicht solltest du mal einen Roman lesen«, empfahl mir die Basis.

Um zu beweisen, dass das bei mir doch nicht nötig wäre, erzählte ich von einem Kommilitonen, der Vater geworden war. »Wie ist denn dein kleiner Sohn so?«, hatte ich ihn gefragt und die Auskunft erhalten: »Vier Komma vier Kilo.«

Auch wenn ich bei meinem eigenen Nachwuchs mit an Sicherheit grenzender Wahrscheinlichkeit eine andere Antwort gegeben hätte, ließ sich doch die Fixierung auf messbare Größen nicht mehr aus meinem Leben verbannen.

Als wir beim Skifahren auf einer Eisplatte haltlos abgerutscht waren, stellte ich fest: »Der Reibungskoeffizient geht hier gegen null.«

Meine Basis übersetzte: »Das macht Spaß!«

Doch irgendwann zwischendurch verging der Spaß. Am Ende meines Studiums beschlossen wir einstimmig, unsere Beziehung zu beenden. Kampflos und in freundschaftlicher Atmosphäre erhielt ich zurück, was ich verschenkt hatte. Ich war wieder komplett. Und am schönsten war es, dass wir uns trotzdem nicht verloren. Nach so vielen Jahren des Zusammenlebens wäre es viel zu schade um all die Running Gags, die wir gesammelt hatten und die sonst keiner verstehen würde. Sie leben noch heute!

DAS DAMENKLOSCHWERT

Zur großen Freude und Verblüffung meines Vaters und meiner selbst schaffte ich meine Diplomarbeit mit einer 1 (minus, wegen der Rechtschreibfehler). Danach ging es nicht mehr um Wellen oder Energie, das gefährdete Weltmeer und die dahinschwindende Ozonschicht: Ich brauchte Geld zum Wohnen und Essen. Ein freundlicher Sachbearbeiter beim Arbeitsamt teilte mir mit, dass ich großes Glück hätte. »Ich kann Ihnen zwei offene Stellen für Physiker anbieten.«

»So eine fulminante Auswahl!«, strahlte ich ihn an.

»Ja«, strahlte er zurück, blätterte in seinen Unterlagen. »Einmal Bauphysik zur energetischen Optimierung von Gebäuden.«

»Und das andere?«, fragte ich hoffnungsvoll und spitzte dann die Ohren, denn die Stelle an der Universität mit Forschungsbeteiligung fiel genau in mein Sachgebiet: neuronale Netze und künstliche Intelligenz. Leider wurden in der langen Liste der Einstellungsbedingungen auch »gehirnchirurgische Erfahrungen« vorausgesetzt – darauf wollte ich es in der Praxis nicht ankommen lassen und musste leider passen. Ich bewarb mich also für die Bauphysik, wovon ich ungefähr so viel Ahnung wie von Gehirnchirurgie hatte. Aber ich würde damit niemandem weh tun. Ich bekam die Stelle trotzdem, denn: Ich hatte Ahnung von Computern. Klar, dass ich an diesem Abend mit Astrid feierte und wir uns der gemeinsamen glorreichen Vergangenheit erinnerten.

Astrid war die einzige Physikerin, mit der für mich die Chemie stimmte. Das lag nicht an ihren strahlend blauen Augen oder ihrer Vorliebe für Sport, die wir teilten: Badminton, Squash, Kanu- und Radfahren. Es hatte sich bewährt, mich an sie zu wenden, wenn ich mit einer Fragestellung nicht weiterkam. Bei ihr war es nicht nötig, so zu tun, als hätte ich auch nur den geringsten Durchblick. Ich konnte zugeben, keinen blassen Schimmer zu haben: eindeutiges Zeichen für ein solides Vertrauensverhältnis.

Einmal fragte ich sie um Rat, weil ich einen Versuch für das physikalische Praktikum vorzubereiten hatte. Es ging um den Durchblick in Optik, ich sollte den Brechungsindex eines Gitters bestimmen. Nachdem ich die Aufgabe dreimal durchgelesen und nicht verstanden hatte, wandte ich mich an Astrid. »Sag mal, was soll das mit diesem komischen Gitter? Was sagt das denn aus, und wozu soll das gut sein?«

Astrid zog die Augenbrauen zusammen, sah mich lange an und gestand: »Ich habe nicht die leiseste Ahnung. Den Versuch habe ich auch nie kapiert.«

Obwohl ich froh gewesen wäre, den Versuchsaufbau erklärt zu bekommen, um am nächsten Tag nicht wie ein Idiot im Labor zu stehen, war mir diese Unterhaltung wertvoller als mein Image. Sie war der Beweis, dass es nicht nur mir so ging. Auch andere verstanden manchmal etwas nicht. Männer aber meistens nur heimlich. Trotzdem hatte Astrid ihr Studium mit Bravour geschafft. Sie promovierte mittlerweile in Halbleitertechnik – Grundlagenforschung für die Verbesserung von Solarzellen, was mich wegen des ökologischen Aspekts sehr interessierte. Ich fragte sie: »Kann ich ein Praktikum bei dir machen? Wird das angerechnet?«

»Hm«, machte Astrid, da fuhr ich schon fort, begeistert von meiner Idee: »Und wenn nicht – auch egal! Es interessiert mich einfach, und mit dir zusammenzuarbeiten wird sicher großartig.«

»Ich fände es zur Abwechslung auch mal schön, nicht die einzige Frau im Gebäude zu sein«, schmunzelte Astrid.

Ich wusste genau, was sie meinte. Zu Beginn meines Studiums hatte ich mich innerlich einmal bei den Architekten bedankt, die das Unmögliche wahr gemacht hatten: Ich musste im Toilettenraum niemals anstehen. Ein paar Wochen später fiel mir auf, dass ich dort meist alleine war. Als ich nach dem Besuch einer Vorlesung bei den Anglisten vor dem Damenklo zehn Minuten in der Warteschlange stand, ging mir ein Licht auf. Diese Fakultät war zwar zeitgleich mit dem Physikgebäude erbaut worden, doch bei uns gab es fast keine Frauen. Ich zog mein Architektenlob zurück. Klüger wäre es gewesen, sie hätten die Mehrzahl der Damentoiletten bei den Geisteswissenschaften untergebracht. »Da hängt wohl ein Damenkloschwert über unserer Abteilung«, teilte ich Astrid mit, der einzigen Frau, der ich hin und wieder auf der Damentoilette begegnete. Meine drei Mitstudentinnen traf ich dort seltsamerweise nie, nur immer Astrid, vier Semester über mir.

Weiße Dosen

Mein erster Tag im Praktikum bei Astrid war sehr stressig, weil ihr Doktorvater Erwin, der sonst die Erfassung aller Daten der Messung steuerte, beim Drachenfliegen war. Ausgerechnet heute erwartete der Prof dringend einige Messwerte, um damit auf einer bevorstehenden Tagung zu glänzen. Es gab also mächtig Druck von oben, und manche Doktoranden plusterten sich wichtig auf: »Lasst mich das mal machen! Ich schaff das schon!«

Kurze Zeit später war der Nächste an der Reihe und dann der Übernächste. Astrid und ich beobachteten die Hektik unter den Doktoranden amüsiert, denn es lag natürlich nicht am Menschen, sondern an der Maschine. Der neue Computer streikte. Ein Doktorand nach dem anderen gab den Kampf mit der schweigsamen Kiste verloren, auf deren 14-Zoll-Monitor ein einsamer grüner Cursor blinkte. Sonst war nichts zu sehen. Da wurde Astrid langsam unwirsch. »Was soll ich dem Prof sagen? Am Ende will es dann wieder keiner gewesen sein, und alles bleibt an mir hängen, wie wir es von Murphys Gesetz kennen.«

Da ich am wenigsten Ahnung von allem hatte, sagte ich: »Es macht keinen Sinn, wenn du Zeit an dieser Kiste verplemperst, und nachher ist alles andere liegengeblieben. Wenn du willst, versuche ich mal mein Glück mit dem grünen Kameraden auf dem Bildschirm.«

»Echt, würdest du das tun?« Astrid wirkte erleichtert. Ich freute mich über die Möglichkeit, ihr zu helfen.

»Klar«, versicherte ich und machte mich mit der Entschlossenheit der Unbedarften ans Werk. Auf dem Fensterbrett entdeckte ich ein etwas zerknittertes weißes Buch, auf dem in großen Buchstaben MS DOS prangte. War das die Anleitung, der Rettungsring zur Yacht namens MS *Dos?* Ein Beiboot für dieses sinkende Schiff, in dem wir dahintrieben? Oder das Neue Weiße Album, diesmal von der Miss aus der Dose? Ich rief mein entgleisendes Gehirn zur Ordnung. Schluss mit dem Blödsinn, ran an die DOSe.

Ich las das Buch so lange und konzentriert, bis ich gar nichts mehr verstand und das Gefühl hatte, jetzt fehlt nicht mehr viel und ich weiß nicht mehr, wie ich heiße. Dieser Zustand war mir seit meinem Studium vertraut. Meist folgte darauf in absehbarer Zeit eine Art Morgendämmerung von neuem Verständnis, und die bis dato nicht zusammenpassenden Informationen fielen allesamt an ihren ordnungsgemäßen Platz und ergaben plötzlich einen Sinn. Das geschah aber nie unter Zwang. Daher gönnte ich meinen strapazierten grauen Zellen etwas Frischluft. Der Ausblick über die ungemähte weite Wiese, die sich von den Laboren bis zur Uni oben auf dem Gießberg erstreckte, entspannte mich. Wirklich wunderschön gelegen, diese Universität, dachte ich. Nach ein paar Minuten betrat ich frisch gestärkt den kahlen Bau, in dem das Labor untergebracht war, und steuerte direkt auf den Computer zu.

»Hallo alte DOSe«, versuchte ich eine kumpelhafte Begrüßung. Er blinkte gleichgültig. Rüpel. Ich tippte ein paar Befehlsfolgen ein, die ich gerade gelesen und nicht verstanden hatte. Aha! Das machte ihm Beine. Drück die Taste und ich haste, wie es in der bekannten DOS-Anleitung heißt. Der Kamerad spuckte lange Listen in Grün auf den Bildschirm. Das Spiel begann mir zu gefallen. Als ich alles, was mir einfiel, einmal durchprobiert hatte, wendete ich mich wieder dem Weißen Album zu. »Wenn ich wenigstens wüsste, wonach ich suche, wäre es leichter, etwas zu finden«, produzierte mein hilfreiches Gehirn im erneut einsetzenden Leerlauf. »Das ist es!«, dämmerte mir. Ich wusste doch, was ich suchte: das Programm, das die Daten übernehmen, auswerten und danach übersichtlich ausgeben sollte. Was stand da im Weißen Album? Echsen sind ausführbare Dateien. Das erschien mir auf den ersten Blick unglaubwürdig, doch es war das, was ich brauchte! Ich schlug es noch mal nach. Ach ja: Exe-Dateien waren gemeint. Jetzt musste ich nur noch die finden, die Astrids Daten umpflügen konnte.

»Hey Astrid, ich glaub, gleich geht es. Kannst du dich erinnern, was Erwin am PC aufgerufen hat, wenn der die Daten speichern und auswerten sollte?«

»Irgendwas mit ›Form‹. Packform – nein: Panform! Das ist es.« Ich hörte eine innere Stimme sagen: »Warm, ja, waaarm, so, und jetzt wird es heiß, seeehr heiß, bist ganz nah dran …«

Mit dem simplen Befehl C:\>dir p*/p <Enter> bat ich den PC höflich, mir alles, was mit p anfing, aufzulisten, und zwar seitenweise, für die Schnecken des Planeten, die nicht so schnell lesen können, wie ein PC schreibt. Da war es schon: Es gab ein Verzeichnis namens panform. Also rein ins Regal: cd panform. Vor dem Cursor stand jetzt brav und erwartungsvoll C:\panform>. Tolles Spiel. Und was gab es da für Echsen? Wie war das gleich, ach ja: dir *.exe. Nix. Keine einzige Ex? Klösterliches Dasein geführt, was? Hallo, was gab es noch … ja: C:\panform>dir *.com. Auch 'ne Niete. Hm. Einer geht noch! Dir *.bat! Siehe da, es gibt eine panform.bat.

»Astrid! Schmeiß den Versuch an! Dann können wir gleich sehen, ob er die Daten einliest!«

Mit geübten Griffen stellte sie die Apparate aufeinander ein, testete kurz ihr Zusammenspiel und reckte dann den Daumen in die Höhe. Andächtig tippte ich »panform <Enter>«. Auf dem Bildschirm türmten sich Zahlenfolgen, eine Kolonne jagte die nächste.

»Hat es bei Erwin auch so ausgesehen?«, fragte ich Astrid.

»Ja, glaub schon. Ich habe nicht wirklich hingeschaut.«

Ein schrilles Geräusch riss mich aus meinen tiefschürfenden Betrachtungen: Der Nadeldrucker war angesprungen und druckte sauber aufgeteilte Zahlenfolgen in ordentlichen Spalten auf ein fortlaufendes Papier.

Erhobenen Hauptes, den Arm voller Papier, verließen wir unter den erstaunten Blicken der anderen Doktoranden das in ansprechendem Grau gehaltene Labor Richtung Professorenbüro.

»Wie habt ihr das denn jetzt geschafft?«, fragte einer, was offensichtlich alle dachten.

»War ganz easy«, behauptete ich, ohne eine Miene zu verziehen.

Unsere gute Laune stürzte schlagartig ab, als wir am nächsten Tag erfuhren, dass wir Erwin nie mehr sehen würden: Er war beim Drachenfliegen tödlich verunglückt. Immer wenn ich in den nächsten Wochen einen 14-Zoll-Monitor erblickte, dachte ich an Erwin. Die Verknüpfung mit ihm reicht bis heute. Man muss sein Haus nicht verlassen, um plötzlich und unerwartet abberufen zu werden. Da ist es gut, wenn die Kunden eine Dokumentation der wichtigsten Fakten zu ihrem Netzwerk vorliegen haben. Noch besser: einen Sankt Martin. Ich bin nicht unersetzbar. Das belastet mich nicht – es erleichtert mich.

KOLLEGENSIMULATION

In den sechs Monaten, in denen ich in der großen Baufirma arbeitete, lernte ich die Lichtverhältnisse in Gebäuden zu simulieren. Ich erfuhr alles über verschiedene Arten von Fensterglas mit unglaublich cleveren Eigenschaften, das eigenständig die Wärmeeinstrahlung regulierte. Ein Glas filterte ab einer festgelegten Intensität die wärmeerzeugenden Strahlen aus. Ein anderes filterte die wärmenden Bereiche der Strahlung heraus, sobald die Sonneneinstrahlung einen bestimmten Winkel überschritt. Beide bewirkten enorme Energieersparnis, da sich eine Klimatisierung der Räume erübrigte.

Es gab Belüftungs- und Wärmetauschgeräte, Jalousien, die automatisch auf den Sonnenstand reagierten – und viele Zahlenkolonnen, deren Bedeutung das Gehirn erstaunlicherweise nach einigen Wochen auf einen Blick erkennen konnte. Das war mir fast unheimlich. Es machte Spaß, einem Kollegen die Blätter mit den Simulationsergebnissen kurz vor die Augen zu halten und zu fragen oder gefragt zu werden: »Welche Fläche steht hier falsch?« Vom Stand der

Flächen im Raum hing die Lichtreflexion ab, aus der das Programm letztlich eine 3-D-Darstellung errechnete, mit völlig realen Lichtverhältnissen. So konnte man auf dem Bildschirm durch virtuelle Räume laufen, um sich die fertige Wohnung oder ein Büro schon vor dem Bau anzusehen. Nach der Berechnung wirkte alles absolut realistisch – außer, das Programm hatte sich in der Stellung einer Fläche geirrt. Das erzeugte einen Folgefehler in der Art, wie das Licht von der Fläche reflektiert wurde, die dem menschlichen Auge sofort auffiel, dem Programm hingegen nicht. Solche Flächen nachträglich zu korrigieren bedeutete einen enormen Aufwand. Daher sahen wir die Seiten mit den Zahleneingaben vor der Simulation durch – unser Kollegensport: aus Zahlenkolonnen falsche Flächen zu erkennen.

Mail-Messies

Vor ein großes Problem stellte uns die Archivierung, denn die Konstruktionspläne sollten zehn Jahre lang nachvollziehbar sein. Sie wurden in einem riesigen vollklimatisierten, brandsicheren Safe aufbewahrt.

»Wir haben mal ausgerechnet, was das Flugzeug wiegen darf, das eines Sonntags vom blauen Himmel direkt auf unser Archiv fällt. Da darf der Klaus nicht mit drinsitzen«, erklärte mir Kollege Patrick.

Klaus seufzte gutmütig – Anspielungen auf seine Figur war er gewohnt.

»Viel schwieriger als die Aufbewahrung der Daten ist die der Programme«, fuhr Patrick fort. »Man muss die Daten mit irgendetwas öffnen, sonst kann man sie ja nicht anschauen. Also muss man das zugehörige Programm zur Hand haben, das die Daten darstellen kann.«

»Verstehe«, nickte ich.

Klaus erläuterte: »Diese Systeme ändern sich ständig. Es gibt laufend Updates, und eines Tages sind die Versionen nicht mehr kompatibel mit den Daten. Die aktuellen Versionen brauchen ihrerseits dann irgendwann auch ein neueres Betriebssystem.«

Patrick klatschte in die Hände: »Und schon sitzt du in der Datenfalle und schaust in die Röhre, sobald du ein altes Ding aufmachen willst.«

»Was meinst du denn mit alt? So alt wie du?«, witzelte ich.

Patrick war das Küken seiner Abteilung, und im Unterschied zu Klaus hasste er Anspielungen auf irgendetwas in seinem Persönlichkeits- und Körpersystem.

»Mit alt meine ich zwei bis drei Jahre«, erwiderte er kühl.

Klaus erklärte mir: »Wir sind dazu übergegangen, die Dinger nach Jahrgang abzulegen, und zwar mitsamt einem passenden Notebook aus der Zeit. Der Strom wird dann hoffentlich noch kompatibel sein.«

Diese Komplettarchivierung hielt ich wegen der enormen Kosten zuerst für einen Witz, doch als ich darüber nachdachte, erkannte ich, dass keine andere Lösung übrigblieb. Die Systeme änderten sich so schnell, dass wir sie komplett ablegen mussten, mitsamt der Hardware. Vor meinem geistigen Auge tauchten Hallen voller meterhoher Regale auf, und weiß gekleidete Gestalten balancierten auf Leitern mit Notebooks, die mit 36-stelligen Codes versehen waren. *Fehlgeschlagene Fensterberechnungen,* entzifferte ich auf einem.

»Werden auch die Fehler archiviert?«, fragte ich meine Kollegen.

»Die zuallererst«, nickte Patrick ernst.

Klaus schob sich einen Kaugummi in den Mund. »Am aufwendigsten war die Wiederherstellung eines Fotoarchivs, von dem Chef II glaubte, es auf seinen Rechner kopiert zu haben. Da war aber nichts mehr. Und auf der externen Platte, die er extra außer Haus aufbewahrte, damit eine Version auch dann überlebt, wenn hier die Hütte abraucht, ebenfalls nicht. Ich habe zwei Tage gebraucht, bis ich die Daten zurückgeholt hatte.« Klaus ließ eine Kaugummiblase platzen.

»Was waren das denn für Bilder?«, fragte ich neugierig. So ein Aufwand wurde bestimmt nur für einen besonders wichtigen Kunden betrieben.

»Urlaubsbilder, Südfrankreich, mit seiner Ex-Frau.«

»Im Ernst?«, staunte ich.

Klaus ließ die nächste Blase platzen. »Von vor der Scheidung natürlich. Dann hatten sie endlos Krach, und er hat die Platte formatieren lassen. Von einem Fachmann. Er wollte an nichts mehr aus dieser Zeit erinnert werden.«

»Verständlich, aber warum hat er dich dann gebeten, alles zurückzuholen?«

»Taylor-Burton-Komplex.«

»Wie?« Ich kramte in meinem Gehirn nach Bezeichnungen für mathematische Phänomene. Die Hessesche Matrix? Die Lagrange-Gleichung? Oder die Diracsche Invarianz? Taylor-Burton fand ich nicht.

»Na ja, Liz und Eric haben sich auch x-mal scheiden lassen und dann wieder geheiratet. Chef II wollte mit der Frau die Vergangenheit zurück.«

»Ich glaube, der Ehemann hieß Richard?«, wandte Klaus sich fragend an mich.

»Mit echten Menschen kenn ich mich nicht aus.«

»Das sind Schauspieler!«

Patrick seufzte genervt. »Mit den Firmendaten haben wir ganz andere Probleme. Manchmal drehen die Leute durch, weil sie Mails vom letzten Jahr archivieren sollen – der Mailserver läuft sonst irgendwann über. Nichts ist kurzlebiger als Mails – aber alle klammern sich dran. Mail-Messies eben. Dabei werden auch so schon die Datenmengen immer größer. Uns reicht eine Nacht kaum noch, um den ganzen Bestand wegzusichern, von dem man eigentlich aus rein ästhetischen Gründen mindestens die Hälfte wegschmeißen sollte. Es fehlt an den Basics. Teller leer essen, Spülmaschine einräumen, einschalten. Aufräumen eben.«

Klaus nickte kummervoll, und sein Dreifachkinn schwabbelte. Süß sah das aus. »Hör bloß auf! Aber ich sag dir: Es gibt noch viel ärmere Schweine als uns. Ich hab einen Kumpel, der arbeitet für eine internationale Firma, die von jeder Filiale aus weltweit Zugriff auf den gleichen Datenbestand hat. Wegen der Zeitverschiebung ist irgendeiner irgendwo also immer wach und online – das sind echte Probleme für die Sicherungen, da genießen wir hier ja paradiesische Zustände.«

Patrick schüttelte sich entsetzt. »Wir haben ein leichtes Leben, ich hab's immer gewusst.«

»Ach, wie war das schön, als es noch keine Computer gab«, seufzte Klaus.

»Und man keine Daten aufbewahren musste«, vollendete Patrick.

»Steintafeln und so«, grinste Klaus.

»Täuscht euch mal nicht, Jungs«, widersprach ich. »Die Dinger haben locker ein paar Jahrtausende überdauert. Das

Wissen unserer Zivilisation wird eines Tages komplett gelöscht sein, weil irgendein Ahnungsloser den falschen Stecker zieht und eine globale Kettenreaktion auslöst.«

»Und von was dann zurücksichern? DVDs? So 'ne DVD von heute ist doch schon nach drei Jahren schrottreif. Taugt höchstens noch als Tassenuntersetzer. Wenn man da nicht hinterher ist und die Daten umschaufelt, immer wieder und regelmäßig, ist rasch alles hin.«

»Du hast leicht reden – musstest die Steinplatten ja nicht schleppen oder darauf schreiben!«

»Wird ein Höllenlärm gewesen sein, seinerzeit ...«, stichelte Patrick, der meine Vorliebe für leichtgängige, leise Tastaturen kannte.

»Die Schreiberlinge hatten sicher auch nie frei. Sklaven, so wie wir«, grummelte Klaus.

»Aber magerer«, musste Patrick das letzte Wort haben.

Die Unvollendete

In der Baufirma wurde ich schnell mit den ungewöhnlichen Arbeitszeiten in diesem Bereich vertraut. An Wochenenden waren wir alle im Job, wo sollten wir auch sonst sein? Man will doch was Schönes erleben. Eines Sonntagvormittags bestellte ich mir einen Tee in der Cafeteria. Einer der Chefs von ganz oben, er stand hinter mir in der Warteschlange, beschwerte sich: »Ich habe keinen Parkplatz vor dem Haus gefunden.«

Worauf einer meiner Kollegen achselzuckend antwortete: »Sonntags müssen Sie wirklich früher kommen, wenn Sie in der Nähe der Firma parken wollen.«

»Besucht denn niemand mehr den Gottesdienst?«, fragte der Chef.

»Äh, wie?«, meinte mein Kollege.

»Den haben wir hier im Haus«, raunte ich ihm zu, und er verstand sogleich. Denn wenn wir in das Allerheiligste vordrangen, den Serverraum, gingen wir »in den Tempel«.

Obwohl das Arbeitsklima in der Baufirma sehr gut war, hing mein Herz an den neuronalen Netzen, und ich plante, mich weiter mit diesem Thema zu befassen und zu promovieren. Davon bekam mein Chef Wind.

»Frau Kammerer, was können wir tun, damit Sie bei uns bleiben?«, fragte er mich geradewegs.

Verblüfft schaute ich ihn an. So eine Frage bekommt man nicht alle Tage gestellt. Mein Chef hatte sich selbst schon etwas überlegt. »Was halten Sie davon, über ein bautechnisches Thema zu promovieren? Das würde unsere Firma unterstützen, indem wir Ihnen Ihr volles Gehalt weiterbezahlen, während Sie sich in Ihrer Arbeitszeit der Doktorarbeit widmen.«

Was für ein großzügiges Angebot! Und das bei diesem sympathischen Betriebsklima! Ich bedankte mich und erbat mir Bedenkzeit, in der ich mich mit einer sehr guten Freundin traf. Danny war vom Fach. Bis zu meinem 14. Lebensjahr hatte sie mir Mathenachhilfe gegeben. Sie kannte sich mit Plus und Minus aus und zog den Summenstrich. »Du kannst jetzt also unbezahlt zu etwas promovieren, das nur dich interessiert, oder du promovierst bezahlt über etwas, das alle außer dir interessiert.«

Nachdenklich nickte ich. Danny eben. Unschlagbar. Eine eineindeutige Aussage würde das in der Mathematik heißen.

»Und was würdest du an meiner Stelle tun?«, fragte ich.

»Was ganz anderes.«

»Und wie sieht diese Lösung in erster Näherung aus?«

Danny wurde ernst. »Das sieht so aus, dass du dich am Mittwoch um neun in der Computerschule vorstellst, wo ich seit kurzem als Dozentin arbeite. Die suchen dringend gute Leute. Ich mach dir einen Termin.«

Von der Schule hatte mir Danny schon einiges erzählt – sie musste etwas ganz Besonderes sein, denn immerhin hatte Danny »nebenher« einen Vollzeitjob als Programmiererin.

Danny hatte recht wie immer, was ich schon beim Vorstellungsgespräch merkte. Eine der beiden Chefinnen las lächelnd meinen Lebenslauf und bohrte dann nicht in den Lücken herum, sondern lobte: »Sehr schön abwechslungsreich!«

Und ihre Kollegin ergänzte: »Wer mit Computern arbeitet, braucht einen freien Kopf, Vorstellungsvermögen, Flexibilität und einen Hang zum Fatalismus.« Sie deutete auf eine Postkarte an der Wand über ihrem Schreibtisch: You don't have to be mad to work here – but it helps.

Hier wollte ich dazugehören!

Eingestellt wurde ich jedoch nicht, weil ich als Gärtnerin gearbeitet oder auf einem Bauernhof das Schnapsbrennen erlernt hatte. Es spielte auch keine Rolle, welche Führer- oder sonstigen Scheine ich mein Eigen nannte … »Der Schein bestimmt das Bewusstsein«, hatte es im Studium immer geheißen … oder dass ich als Tankwart gejobbt hatte, sondern dass ich Word Perfect perfekt beherrschte. Mit diesem Programm hatte ich meine Diplomarbeit geschrieben – ich kannte jede Tastenkombination auswendig und, was noch viel wichtiger war: Ich fand das Programm genial. So war mein Physikstudium doch nicht ganz umsonst. Nachdem ich jahrelang tafelfüllende Wellengleichungen in der Quantenphysik beackert hatte, bekam ich einen Job, weil ich im richtigen Programm tippen konnte.

FÖRDERND IST
BEHARRLICHKEIT

Das nagelneue Navi, damals eine frisch auf den Markt gekommene technische Errungenschaft, brachte mich tatsächlich direkt zu der Adresse, die meine neue Kundin mir genannt hatte. Ebenso direkt fand ich einen Parkplatz vor dem Haus.

Ich zog den Ladestecker des Navis vorsichtig aus dem Zigarettenanzünder, weil ich ihm trotz allem zutraute, meine Autobatterie in kürzester Zeit zu entladen. Nicht vorsichtig genug: Mit einem Geräusch, das an einen Schluckauf von Ernie aus der Sesamstraße erinnerte, zersprang das Ladegerät in etliche Einzelteile, die mir um die Ohren flogen. Ich hatte nicht mal geahnt, wie viel in dem kleinen Ding steckte. Eine winzige Sicherung, die aussah wie eine Miniatur-Leuchtstoffröhre, drei kleine Metallringe in verschiedenen Ausformungen und vier Plastikteile, von denen zwei nicht eindeutig zu identifizieren waren. Darum würde ich mich später kümmern, beschloss ich, die Jahrzehnte zumindest in meinen Assoziationen verbindend, unfrei nach Scarlett O'Hara.

Ich griff nach meinem Köfferchen und stieg aus. Es wehte ein starker Wind an diesem sonnigen Oktobernachmittag unter strahlend blauem Himmel.

Wenn sie funktionieren, erleichtern diese kleinen technischen Geräte das Leben ungemein. Ich hatte Freude an der Vorstellung, mit einem kleinen Navi, einem Handy und meinem Köfferchen durch die Gegend zu surfen und Computer ins Internet zu hieven oder Leute von ihren technischen Problemen zu befreien. Hätte ich mir vor dem Studium eine Arbeit mit diesen Schlüsselreizen aussuchen können – Freigang, Abwechslung, Hilfsbereitschaft und viele, viele bunte Spielsachen –, hätte sie im Prinzip so oder ähnlich ausgesehen. Aber seinerzeit gab es diesen Job noch nicht. Also hatte ich mit meinem Studium keine Zeit verloren. Manchmal dachte ich, wenn es ihn nicht gäbe, hätte man meinen Traumjob glatt erfinden müssen. Zuweilen, auf dem Weg zu einem Kunden, kam ich mir vor, als wäre ich in Dreharbeiten für eine Filmszene geraten, in der ich die Rolle der Technikerin übernommen hatte. Man öffnete mir mit völliger Selbstverständlichkeit die Tür, ließ mich in blindem Vertrauen alles Mögliche an- und abstellen, und sobald die Geräte brav ihren Dienst taten, schloss ich meinen schwarzen Arztkoffer und verließ die Bühne unter Dankesbekundungen. Neue Kundin, neues Spiel … oder doch nicht?

Obwohl ich dreimal klingelte und Geräusche hinter der Tür zu hören glaubte, öffnete sie sich nicht. Würde ich an diesem Nachmittag auf Dankesbekundungen verzichten müssen? Wie abhängig war ich schon? Schmunzelnd ob dieser Gedanken wandte ich mich zum Gehen, hatte bereits ein paar Treppenstufen abwärts genommen, als hinter mir eine wohltönende Stimme erklang. »Sind Sie die Computerfrau?«

»Sozusagen«, antwortete ich, für jede Identität offen.

»Dann kommen Sie, kommen Sie, treten Sie ein!« Frau Baumann, eine buntgekleidete, etwa 50-jährige Dame mit wilden dunklen, schulterlangen Locken schwebte vor mir durch den langgezogenen Flur, über das blanke Parkett hinweg und außer Sicht. Eine Duftwolke aus Sandelholz und Myrrhe hüllte mich ein.

»Kommen Sie, kommen Sie! Kann ich Ihnen etwas anbieten, Tee, Wasser, Fruchtsaft?« Ohne eine Antwort abzuwarten, fuhr sie fort: »Ich habe schon alles vorbereitet und die ganze Wohnung geräuchert. Wissen Sie, so etwas ist ja immer ein Lebensabschnitt!«

Ich fragte mich, ob die Identität einer Computerfrau an diesem Ort angebracht wäre. Und noch mehr interessierte es mich, was Frau Baumann mit dem Notebook, um das ich mich kümmern sollte, vorhatte … Lebensabschnitt? Mir erschienen in diesem Zusammenhang eher Schnittstellen schlüssig.

»Kommen Sie hier entlang«, sie wedelte mich in einen hohen, hellen Raum. Klangschalen von S bis XL zierten die Regale, daneben mehrere Tarot-Kartensets. Meditationskissen und einige Decken luden auf dem Parkett zur Kontemplation, bunte seidene Tücher deckten Gegenstände ab. Golden flutete die Nachmittagssonne in den Raum und erreichte jede Ecke. Nur die links hinten nicht, wo ein kompakter antiker Schreibtisch thronte. Und darauf, ein trauriger Fremdkörper, der Ästhetik des Äthers trotzend: das Notebook.

Frau Baumann deutete zum Schreibtisch: »Hier ist er nun«, sie faltete die Hände, »mein neuer Begleiter. Natürlich sollte er besser ein eigenes Zimmer haben, aber nun, so viel Platz können wir uns nicht leisten.«

»Äh, ja – wer kann das schon«, sagte ich, froh, etwas Bekanntes in diesen beengten schätzungsweise 120 Quadratmetern Wohnfläche vorzufinden, während ich mir überlegte, wer Wir war. Materialisierten sich die anderen, die zum Wir gehörten, hin und wieder? Oder konnten nur Eingeweihte mit ihnen Kontakt aufnehmen?

»Wissen Sie, ich bekomme zu Technik so gar keine Verbindung«, vertraute mir Frau Baumann an. »Aber man ist ja gezwungen, sich damit zu befassen, heutzutage … Wassermann-Zeitalter!«

»Wie bitte?«

»Nun ja: Zeitalter der schnellen Kommunikation! Und die Möglichkeiten, das real werden zu lassen, liefern uns diese – hm, Geräte. Kommunikation, so schnell wie Gedanken – und jederzeit im Kontakt sein können, das ist Wassermann, Uranus. Daher boomt doch der ganze IT-Sektor so unglaublich, meinen Sie nicht?«

»Und wie lange dauert ein solches … Zeitalter?«, fragte ich.

»Um die 2000 Jahre.«

Ich spürte ein drängendes Verlangen, nun auch bald Kontakt aufzunehmen mit einem von meinem Stamme. Es erschien mir so, als würde er aus seiner dunklen Ecke schon nach mir rufen. *Gleich kümmere ich mich um dich*, ließ ich ihn wissen. Auf meine Art.

»Meine Schwester soll seinen Vorgänger bekommen, so ein treues Gerät. Hat mich nie im Stich gelassen. Das fällt mir nicht leicht, wissen Sie.«

Mitfühlend lächelte ich Frau Baumann an.

»Aber energetisch ist das natürlich die Optimallösung.«

»Gewiss.«

»Sie sollen nun also das Innenleben des alten komplett auf meinen neuen Begleiter übertragen. Das ist doch möglich?«

»Selbstverständlich.«

»Eigentlich unvorstellbar, wenn man es sich vergegenwärtigt, finden Sie nicht? Eine solche Transformation, Transplantation, Transaktion! Ins Internet muss ich natürlich auch, und ganz wichtig ist es mir dabei, dass ich währenddessen telefonieren kann. Telefonisch muss, hören Sie, muss ich immer erreichbar sein.«

»Haben Sie ISDN?«, wollte ich wissen.

»Ach, wollen Sie jetzt doch etwas trinken? Entschuldigung. Das habe ich aber bestimmt nicht im Haus. Mit diesen Modegetränken kenne ich mich nicht aus. Aber ich habe bestimmt 20 verschiedene Teesorten zur Auswahl.«

»Toll«, lobte ich und änderte meine Strategie. »Kann ich bitte mal einen Blick auf Ihr Telefon werfen?« Daran würde ich erkennen, welche Leitung hier endete.

»Natürlich – da drüben steht es. Da wir gerade erst eingezogen sind, kann ich Ihnen keine Auskunft über die Leitungen im Haus geben. Ich kenne hier noch niemanden! Aber eines weiß ich dafür sicher: Heute ist der ideale Tag, um alles mit allem zu verbinden. Ich habe den Termin extra danach ausgesucht! Ich bin Ihnen sehr dankbar, dass Sie es einrichten konnten.«

»Leitungen«, wiederholte ich. »Sie meinen mit Leitungen ...« Ich schwieg leicht ratlos.

»Die Nachbarn«, lächelte sie.

»Natürlich.«

»Schließlich ist alles mit allem verbunden.«

»Gewiss.«

»Sehen Sie, hier steht es.« Frau Baumann hielt mir ein dickes Buch unter die Nase, das von Symbolen übersät war, die mich entfernt an die Tafeln in Quantenmechanik erinnerten, und las vor:

»Oben Dui, das Heitere, der See; unten Gen, das Stillehalten, der Berg – Zeichen 31!«, frohlockte sie.

Sie definitiv obenauf und heiter – aber ich Zwerg als der Berg? Weiter kam ich mit meinen Überlegungen nicht. Frau Baumann war kaum zu bremsen:

»Das Urteil: Die Einwirkung. Gelingen. Fördernd ist Beharrlichkeit. Ein Mädchen nehmen bringt Heil.« Sie strahlte mich an. »Ich wusste gleich, dass Sie die Richtige für diesen Auftrag sind!«

Wenn sie sich da mal nicht verlesen hatte! Ich hatte schon mal eine Freundin dabei beobachtet, wie sie mit getrockneten Schafgarbenstengeln das chinesische Orakel befragte. Am Ende war eines der Stäbchen verrutscht, so was kommt auch unter den besten Schafgarben vor, und schon war die Bedeutung eine andere. *Weinend in Strömen, seufzend und klagend. Fallgrube tatsächlich.* Oder so ähnlich.

Statt dies ins Spiel zu bringen, fragte ich höflich: »Sie befassen sich mit dem *I Ging*?«

»Was heißt hier befassen?«, rief Frau Baumann. »Ich lebe danach!« Dann musterte sie mich neugierig. »Sie kennen das *Buch der Wandlungen*?«

Diesem Vorurteil begegne ich oft. Wer etwas von Technik versteht, wird gern als Analphabet in allen anderen Bereichen abgestempelt.

»Kennen wäre übertrieben«, hielt ich mich zurück. Ich war nicht hier, um Vorurteile zu transformieren. Ich wollte jetzt bitte einfach nur zu ihm. Dem Computer auf dem Schreibtisch. Doch Frau Baumann hielt mich zurück. Vertraulich fasste sie mich am Unterarm.

»Heute ist der richtige Tag. Heute lassen sich auch Gegensätze wie ich und die Technik zusammenfügen. Obwohl es zwei sich völlig ausschließende Welten sind. Wie Welle und Teilchen!« Ich horchte auf. Ein Reflex. »Sie wissen schon. Zwei ganz verschiedene Theorien, mit denen ein Phänomen beschrieben werden kann«, ging Frau Baumann ins Detail.

»Tatsächlich«, sagte ich.

»Quantentheorie!«, rief Frau Baumann, wie es seit einigen Jahren Mode ist. Jede Kartenlegerin führt ein paar Quarks im Munde. »Eine Erweiterung von allem bisher Dagewesenen!«, rief Frau Baumann.

Ich starrte auf meine eigenen Quanten, wie Füße im Schwäbischen genannt werden.

»Das ist hohe Physik«, erklärte Frau Baumann. »Einstein quasi. Das ist alles längst bewiesen. Da hat man Versuche gemacht, die gezeigt haben, dass es zwischen Himmel und Erde mehr gibt, als unser kleiner Verstand sich vorstellen kann.«

»Oh, là, là«, anerkannte ich und fragte: »Dürfte ich Ihr Notebook jetzt mal einschalten? Und ich müsste nachsehen, wie alles angeschlossen ist«, fügte ich noch rasch hinzu, bevor Frau Baumann, von ihrer eigenen Begeisterung in Lichtgeschwindigkeit beschleunigt, in einem schwarzen Loch verschwinden würde.

»Deshalb sind Sie ja schließlich hier, nicht wahr?«, besann sie sich und versuchte, den Deckel des Laptops zu öffnen. Dabei riss sie das Gerät von der Schreibtischplatte, ich setzte schon zum Sprung an, um es aufzufangen, da klappte sie anmutig mit der anderen Hand das Unterteil nach unten weg und landete das Ganze elegant auf dem sicheren Schreibtisch.

»Voilà!«, sagte sie nicht ohne Stolz und völlig zu Recht: So hatte ich noch niemanden ein Notebook öffnen sehen.

DAS GEWICHT DER GALAXIE

Als ich an einem Augusttag im Jahre 1993 das abgedunkelte Labor der physikalischen Fakultät verließ, in dem ich eine Versuchsreihe in Halbleiterphysik und Solartechnik ausgearbeitet hatte, blinzelte ich in der plötzlichen Helligkeit. Mir wurde klar, dass ich an Lichtmangel litt. Er passte zum Thema meiner Arbeit: Ätzstudien an Halbleiterelementen. Jedes Mal, wenn mich jemand nach diesem Titel fragte, erntete ich Lachanfälle. Es war rundum ätzend. Das alles ging mir durch den Kopf, als ich ins Licht blinzelte. … Und wenn ich mir ein anderes Thema suchte? Eines, bei dem ich mein Leben nicht in ewiger Dämmerung zubringen musste, wie es die Versuchsreihen der Ätzstudien erforderten?

Ich erläuterte das Problem abends in meiner WG: »Legt die Studienordnung eigentlich fest, dass man grundsätzlich etwas Ätzendes machen muss, oder darf es auch mal was sein, was Spaß macht?«

Maik, der an seiner Habilitation in Linguistik arbeitete, wenn er nicht gerade pokerte, wollte wissen: »Was würde dich denn interessieren?«

»Gibt es so was überhaupt an der Uni?«, grinste Till, unser Biologe.

Da musste ich nicht lange nachdenken. »Mehr als genug!«, rief ich. »Erst neulich habe ich ein Philosophiebuch gelesen, in dem es um die Entstehung wissenschaftlicher Theorien geht. Das war so aufregend, dass ich gar nicht mehr stillsitzen konnte, ihr wisst schon, da oben in der Philosophischen Bibliothek. Glücklicherweise kann man da auf und ab laufen, und Aussicht auf unseren schönen Bodensee hat man da auch …«

»Es ist kein weiter Weg vom Denker zum Dichter«, kommentierte Till.

»Alphabetisch betrachtet nein«, erwiderte ich.

Rudi, der Vierte im Bunde unserer neunköpfigen WG in einer alten Schweizer Villa, mischte sich ein. »Erstens: Wer hat schon wieder meinen Erdbeerjoghurt geklaut? Und zweitens«, er wandte sich an mich: »Was hat dich denn daran begeistert? Das ist mir total schleierhaft.«

»Mit erstens habe ich nichts zu tun«, antwortete ich ihm. »Und zweitens: Dass sich wissenschaftliche Theorien ebenso entwickeln wie unsere eigenen privaten. Dass sie Veränderungen unterworfen und dem Zeitgeist ausgesetzt sind.«

Und so ist es bis heute geblieben. Denn dieser Ansatz erklärt viele faszinierende Zusammenhänge gleichzeitig: Zum einen hatte ich mich immer gefragt, wie es möglich war, dass man mit Theorien reale Prozesse abbilden konnte. Den Flug einer Raumsonde. Den Bremsweg eines Fahrzeugs. Die Geschwindigkeit der Erde bei ihrer Reise um die Sonne und die unserer Galaxie beim Kreisen um einen Punkt in der Mitte aller Galaxien, der rechnerisch viel zu leicht war, um dieses Kreisen erklären zu können. Das Gewicht der Mitte des Zentrums reicht nämlich nicht aus, um die Anziehung zu erklären. Daher muss es eine andere Art der Materie geben, die das Zentrum schwerer macht.

Ich war davon ausgegangen, dass solche wissenschaftlichen Theorien von einer feststehenden Tatsache abgeleitet worden waren und ebenso feststanden wie diese Ur-Annahme, also quasi wie das Amen in der Kirche. Und dass sich alles Weitere aus ebendiesen Tatsachen ableiten ließ, mathematisch. Dass aus diesem Stoff die wissenschaftlichen, unumstößlichen Gesetze geschmiedet waren. Doch das war nur teilweise richtig. Denn es gab gar keine »feststehende Grundannahme«. Jede Theorie fällt in sich wie ein Kartenhaus zusammen, wenn eine ihrer Grundannahmen ins Wanken gerät. Diese mathematische Erkenntnis hatte auch die Philosophen interessiert, und sie widmeten sich der Fragestellung ebenfalls. Das faszinierte mich, weil es analog zu unserem Denken verlief. Wie im Großen, so im Kleinen. Jeder Mensch baut an seiner eigenen Welt. Und mischt dabei schon mal ein paar unzureichende Grundannahmen unter, die sich früher oder später als Fehler erweisen – wenn man das sehen möchte. Denn es gibt ja auch Fehler, die will man einfach nicht wahrhaben, weil sonst das ganze Gebäude einstürzen würde. Das Fatale ist, dass es trotzdem einstürzt, auch wenn man so tut, als würde man das nicht glauben. Lebenslüge nennt man diese Abrissbirne.

In der Wissenschaft, wo es mehr Korrektive als im Privatleben gibt, fliegt so etwas auf, früher oder später, sollte man feststellen, dass eine Tatsache erklärungsresistent, also mit der bisherigen Weltanschauung nicht fassbar ist. Auch in der Wissenschaft wird gelegentlich versucht, inkonsistente Theorien aufrechtzuerhalten, aus verschiedensten Gründen. Aber wenn das nicht mehr geht, muss eine neue Idee her oder wenigstens eine Erweiterung der bestehenden Theorie. Dies wiederum zeigt, dass man sich in einer Krise befindet. Das Alte hat seine Gültigkeit verloren, das Neue ist noch nicht da. Krisen sind nicht gemütlich. Sie beunruhigen und verunsichern. Was ist denn nun richtig? Und was wirklich?

Man sieht nur, was man kennt

Auch im Wissenschaftsbetrieb herrscht so etwas wie ein Trägheitsgesetz. Es geht nicht nur um die hehre Theorie, sondern auch um Macht, um Geld – und diese Interessen werden je nach Epoche auf verschiedene Arten durchgesetzt.

»Und sie bewegt sich doch« – hätte Galileo darauf beharrt, dass sich die Erde um die Sonne dreht, wäre er mit den anderen Hexen auf dem Scheiterhaufen gelandet. Und heute – wer bekommt die Forschungsgelder, welche Theorien sind kompatibel mit den Interessen von Kapital und Politik? Im Zuge meiner Krise mit meiner ätzenden Diplomarbeit erkannte ich den weltlichen Einfluss in der Abgeschiedenheit klerikaler Wissenschaft. Da war ja Leben drin. Launisches, unbeherrschtes, eitles, egozentrisches Leben. Da bestimmte die Theorie, was man lernte, und das bestimmte, wie man die Welt sah. Und das wiederum gestaltete die Welt weiter.

Und wenn eine Theorie sich als unhaltbar erwies? Niemand gibt das Bestehende gerne auf. Höchstens die Jugend, auf der Suche nach der ganzen und einzigen und wahren Wahrheit. Jugend hat das Privileg, daran zu glauben, dass sich eine solche finden lässt: der Sinn des Lebens! Ich war im richtigen Alter und las voller Begeisterung – Thomas Kuhn (nicht der mit dem Brusthaar-Toupet) und seine *Theory of Scientific Revolutions*. Und Paul Feyerabend *Wider den Methodenzwang*. So überwand ich meine Krise hinsichtlich des Physikstudiums und fand mein neues Thema. Eine Diplomarbeit über neuronale Netze, die mich wirklich interessierten. Und das verbunden mit Computern! Großartig!

Angelehnt an den Aufbau des menschlichen Gehirns mit seinen Milliarden von wechselwirkenden Neuronen, wurden Programme geschrieben, die einige Fähigkeiten des Gehirns nachbilden können sollten: Muster- und Spracherkennung, Bildverarbeitung.

Damit wurden gleichzeitig dem Denken ähnliche Vorgänge nachgebildet. Ich war begeistert und fasziniert. Das ließ sich sogar auf das Leben übertragen. »Zur Gewährleistung der Funktionsfähigkeit eines Netzes ist es unerlässlich, dass es eine stabile Lösung finden kann«, schrieb ich in meiner Arbeit, und genauso ist es im echten Leben: Mitten in einer Krise funktioniert nichts mehr so richtig. Das erkennt man sogar am Spülberg in der Küche. »Globale Stabilität bedeutet die Stabilisierung aller Aktivitäten der Neuronen bei beliebigem Input.« Genau. Das Hirn als Fels in der Brandung.

Etwas Unbegrenztes zu denken hat bei mir schon immer dieses angenehme und hochinteressante Gefühl ausgelöst, das einsetzt, wenn das Hirn aushakt. Ich liebe Fragen wie:

Wenn das Universum einen Rand hat, was ist dahinter – und wenn es keinen Rand hat, vielleicht eine Sphäre ist, aus Dimensionen, die wir noch nicht kennen, die sich aber zu einer Art Kugel zusammenfalten, wie kann man sich das dann vorstellen? Für die Mathematik stellt das kein Problem dar. Dort wird so etwas mit Matrizenrechnung gelöst. Eine Matrix besteht aus einem Block von Zahlen, der mit anderen ebensolchen Blöcken in Beziehung gebracht werden kann. Das ermöglicht Berechnungen in mehrdimensionalen Räumen. Zum Beispiel können mit 4 × 4 Zahlen die vier Zustände einer Größe in einem Raum mit 16 Dimensionen dargestellt werden. In unserem Raum reichen vier Koordinaten. Besonders faszinierend finde ich die Frage, wie etwas denkbar sein kann, das keine sprachliche Repräsentation hat, für das es, kurz gesagt, kein Wort gibt. Was schwer oder gar nicht verbal erfassbar und daher schwer auszudrücken ist, führt eine andere Existenz als das, was klar benennbar und dadurch anderen mitteilbar ist. Über eine gegebene Benennbarkeit wird Realität mittels Übereinstimmung verstärkt und damit sozial manifestiert. Wenn jemand das, was er meint, niemandem verständlich machen kann, wird er in der Regel bald seine Versuche, dieses Nichtbenennbare mitzuteilen – du nervst! –, aufgeben und sich jedenfalls äußerlich anderen Dingen zuwenden, schon um sozialer Sanktionierung zu entgehen. Dies trifft auch auf die Mitglieder einer im Labor tätigen Arbeitsgruppe von Wissenschaftlern zu. Deren sprachliche Übereinkunft definiert zu einem gewissen Grad ihre Beobachtungsmöglichkeiten. Man sieht nur, was man weiß.

Beim Schreiben meiner Diplomarbeit hatte ich manchmal das Gefühl, mein Verstand stoße an seine Grenzen. Der Versuch, diese Grenzen zu überschreiten, mündete in einem ozeanischen Gefühl der Ungewissheit. Glücklicherweise ließen mich meine beiden Professoren in Ruhe denken. Nur einmal, auf dem Flur der Fakultät, erwischte mich einer kalt.

»Na, Frau Kammerer«, fragte er, »wie läuft es denn so?«

»Ehrlich gesagt, zurzeit beginne ich an meinem Verstand zu zweifeln«, hörte ich mich sagen.

Der Prof schaute mich an. Schwieg. Mir wurde heiß. Was hatte ich da eben gesagt? Hielt er mich für zu klein für die große Aufgabe? Jetzt war es raus. Ich hatte öffentlich zugegeben, dass ich zu blöd für mein Thema war.

Da sagte der Prof: »Dann sind Sie auf dem richtigen Weg. So ging es mir bei meiner Habilitation kurz vor dem Abschluss auch.« Er nickte mir freundlich zu und ließ mich verdattert vor dem Fotokopierer zurück.

Zeitphänomene

Die Lacandonen, die Nachfahren der Mayas in Südmexiko, haben keine sprachliche Form, die mit dem Wort für »morgen« etwas zeitlich festlegt. Sie können sich nicht fest verabreden, wie das bei uns üblich ist: »Ich komme morgen um fünf zu dir.« Das ist bei den Lacandonen ein nicht möglicher Satz. Es gibt in ihrer Grammatik lediglich eine Möglichkeitsform: »Möglicherweise sehen wir uns morgen.« Dieser an sich archaischen Art der Verabredung nähert man sich zwangsläufig an, wenn man mit Computern zu tun hat.

Letztlich unberechenbar, bleibt bei ihnen alles im möglichen Bereich. Kann sein, dass ich morgen komme, kann aber auch sein, es stürzt ein zentraler Server ab – inschallah – oder, wie der Bayer zu sagen pflegt: Schau ma moi, dann seng ma scho. Es lebe der Konjunktiv. Die Möglichkeits- als Lebensform … ja, was denn sonst?

In der Physik ist Zeit nichts anderes als eine weitere Koordinate in unserem Raum. Mathematisch stellt das, wie erläutert, kein Problem dar: Da lässt sich ein Raum aus beliebig vielen Koordinaten aufspannen. N-dimensionale Haustiere, wie sehen die wohl aus? Und wie benennen die dann die Zeitpunkte und den Ort, um sich zu treffen? Unsere sprachliche Übereinkunft würde nicht ausreichen, um uns mit ihnen zu verabreden – wir wüssten schlichtweg nicht, wovon sie sprechen. Weil es das für uns nicht gibt. Bei einem Mathematiker hätten sie vielleicht bessere Chancen. So etwas nennt sich *Inkommensurabilität:* Wenn zwei Theorien aus Elementen bestehen, die nichts miteinander zu tun haben. Dann kann die eine Theorie wortgewandt ein Phänomen beschreiben, das in der anderen Welt gar nicht existiert. Das kenne ich vom Gespräch mit meinen Kunden. Sie nennen einen Begriff, der für sie eine völlig andere Bedeutung hat als für mich. Und natürlich erwarten sie von mir, dass ich sie verstehe. Schließlich bin ich die Fachfrau. Wer hat recht? Was ist richtig? Gibt es das überhaupt? Sobald man die Existenz verschiedener Elemente wegdefiniert, braucht man keine Theorie mehr, um sie zu erklären. Oder Aufmerksamkeit auf diese Elemente zu verschwenden. Und wenn jemand das doch tut, bekommt er oder sie … Probleme.

DIE DOKTORARBEIT

Ich war gerade unterwegs, Hunde- und Katzenfutter einzukaufen, als mein Handy klingelte.

»Hallo?« Die Stimme klang atemlos.

»Hallo«, sagte ich.

»Ich habe Ihre Nummer von Sabine aus dem Verlagsbüro. Ich brauche ganz dringend Ihre Hilfe. Können Sie sofort vorbeikommen?«

Solche Anrufe sind mir vertraut. Manchmal werden mir schon beim Erstkontakt Ultimaten gestellt. »Wenn Sie nicht gleich kommen, hänge ich mich auf.«

Ich frage dann nicht nach, ob das eine Folge davon wäre, dass ER sich aufgehängt hat. Je nachdem, wo ich bin und ob ich die Zeit erübrigen kann, rette ich oder eben nicht. Hin und wieder wundere ich mich allerdings über die vielen fremden Menschen, an die meine Nummer weitergegeben wird. Sabine? Ach! Sabine! Die mit der Beule im Gehäuse des PC. Der Abdruck des Stöckelschuhs war nicht zu kaschieren. Mir schwante, dass es sich auch bei dieser Dame am anderen Ende der Leitung um einen akuten Notfall handelte. Die Frage »Gehe ich recht in der Annahme, dass Sie wegen eines Computers anrufen?« schenkte ich mir und sagte stattdessen in beruhigendem Ton: »Bitte sagen Sie mir doch, worum es sich genau handelt.«

Viele Probleme lassen sich am Telefon lösen – vorausgesetzt, meine Gegenüber sind in der Lage, das Problem zu schildern. Zwischen *Er will nicht mehr* und *Der Monitor will nicht mehr* besteht nun mal ein Unterschied.

Atmet er denn noch?

»Es geht um meinen Laptop. Nein, also ja, also das heißt, eigentlich geht es um meine Doktorarbeit. Also es ist so: Ich habe drei Jahre lang alles in den Laptop geschrieben, jetzt ist es fertig, ich muss nächsten Monat abgeben, und der Laptop startet nicht mehr!«

Die Stimme der Frau schraubte sich in an Hysterie grenzende Höhen. Ich bewunderte sie dafür, dass sie diese Höhen nicht durchstieß. In Anbetracht der Umstände hatte sie die Ruhe weg. Ich schenkte mir die Frage nach Sicherungskopien. In dieser Stimmlage erübrigt sich das.

»Tut sich einfach nichts, wenn Sie ihn einschalten? Oder geht er an und bleibt dann hängen?«, nahm ich meine Fährte auf.

»Er geht an, dann kommt kurz das Windows-Logo, und das war's dann. Ich komme an nichts mehr dran!«

Ich stellte eine Ferndiagnose und teilte meiner Gesprächspartnerin mit: »Die Chancen stehen 70:30, dass alle Daten noch da sind.«

Da es grob fahrlässig gewesen wäre zu versuchen, diesen Fehler telefonisch zu beheben, fragte ich die Doktorandin nach dem Aufenthaltsort des Patienten.

»Marbach am Neckar.«

»Das ist gar nicht weit weg.«

»Können Sie gleich kommen?«

Ich dachte nach. Hunde- und Katzenfutter konnte ich später kaufen. Und dass heute mein erster freier Tag nach zwei Wochen war, hatte ich ohnehin für einen Witz gehalten. In meiner ersten Zeit als Chefin der eigenen Firma hieß die Währung meiner Freizeit nicht Tage, sondern Stunden und Minuten.

»Ja«, sagte ich zu.

»Ich wohne am Ende der Schillerstraße in dem kleinen Häuschen. Dort warte ich auf Sie.«

Ich überlegte kurz, ob ich meine Gesprächspartnerin mit einem Krimisatz verabschieden sollte à la: »Fassen Sie nichts an, wir sind gleich bei Ihnen!« Doch da ich noch immer keine Ahnung hatte, wer *wir* sein sollte und ob es normal war, einen inneren Dialog im Plural zu führen, unterließ ich es. Andererseits: Jede falsche Bewegung konnte das Ende der Daten bedeuten. Aber das musste ich ja nicht aussprechen, denken genügte. So verabschiedete ich mich harmlos: »Ich bin schon unterwegs. Und bitte: Schalten Sie das Gerät nicht an, bis ich bei Ihnen bin. Ignorieren Sie es einfach.«

Ich hoffte, sie berücksichtigte meinen Rat. Und hoffte es immer inständiger, denn ich fuhr mitten in einen fetten Stau mit Motor aus und ADAC-Stauberater auf Motorrädern. Ich sagte der Doktorandin Bescheid und dachte dann zwei, drei Stunden über das Leben nach. Das mach ich gern.

»Sabine aus dem Verlag«, von der die Anruferin meine Handynummer hatte, war ich auf der Jahresfeier eines Kunden begegnet, und es stellte sich heraus, dass uns mindestens vier gemeinsame Bekannte, diverse gemeinsame, gleichzeitige Reiseziele und berufliche Überschneidungen verbanden. So gesehen war es verblüffend spät zu unserem ersten Treffen gekommen. Manchmal habe ich den Eindruck, die Menschen, denen wir begegnen, sind wie in einem Theaterstück von vornherein festgelegt, stehen als Liste auf der ersten Seite des Drehbuches, in zeitlicher Reihenfolge. So bekommen wir sie chronologisch zu Gesicht. Oft gibt es lange vor dem Moment, in dem man sich das erste Mal trifft, Überschneidungen. Die Wege haben sich vermutlich häufig gekreuzt, nur hat man sich noch nicht bemerkt. Doch irgendwann wird man sich begegnen. Das ist so festgeschrieben im Drehbuch und dramaturgisch wie karmisch unausweichlich!

Als ich das Häuschen in Marbach von weitem sah, fühlte ich mich in ein vergangenes Jahrhundert zurückversetzt. In einem verwunschenen Garten saß unter alten Apfelbäumen eine junge Frau mit einem Buch im Schoß. Wieso sich in dieser Idylle einen Computer aufhalsen, fragte ich mich unwillkürlich. Hierher gehörten Tintenfass, Federkiel und ein Bogen Pergament. Eigentlich war das gar nicht echt. Das war ein Gemälde. Und es lebte!

»Gott sei Dank, dass Sie da sind!« Die fremde Frau fiel mir um den Hals. So eine hohe Erwartung ist mir unangenehm. Was hatte Sabine ihr bloß von mir erzählt?

»Wo ist denn das Gerät?«, fragte ich sachlich.

»Im Haus, bitte kommen Sie.«

Ich folgte der brünetten, schlanken Frau durch einen Flur in ein Wohnzimmer, in dem ein Mann mittleren Alters mit verkniffenem Gesicht an einem Tisch saß und auf den Laptop starrte. Er reagierte nicht auf meinen Gruß.

»Ernst, das ist die Computerfrau – du weißt schon«, stellte meine Auftraggeberin mich vor. »Kannst du ein Stück zur Seite rücken, damit sie sich den Laptop ansehen kann?«

Das Gerät war entgegen meiner Empfehlung eingeschaltet. Ernst hingegen – ein Name kann zum Schicksal werden – machte keinen Mucks. Mein Job war es nicht, ihn zum Sprechen zu bringen, also schaute ich mich ein wenig in dem Wohnzimmer um, mehr aus Verlegenheit denn aus Neugier. Ich hatte mir angewöhnt, die Umgebung auszublenden, wenn ich Kunden zu Hause aufsuchte.

»Und wie sieht es bei denen aus?«, fragte mich die Basis, wenn ich an einen besonderen Ort gerufen worden war. Ein Schloss, ein Bauwagen, ein Prominenter oder einfach ein interessanter Mensch.

Ich musste stets passen. Ich konnte keinerlei Details zu Einrichtung, Zustand, Ordnung wiedergeben. Wenn ich arbeite, ist meine komplette Konzentration auf meine Patienten gerichtet. Natürlich höre ich die gemurmelten Entschuldigungen an der Haustür: »Keine Zeit aufzuräumen … drunter und drüber … wollte gerade staubsaugen, als er …« Aber das ist mir egal. Ich will zu meinem Patienten. Deshalb fällt es mir auch immer erst sehr spät auf, wenn ich kurz vor dem Dehydrieren bin. Wasser bekomme ich nur in den seltensten Fällen angeboten. Die meisten Menschen, die meine Dienste in Anspruch nehmen, haben keine Kapazitäten frei für solche Kleinigkeiten. Sie gehen auf dem Zahnfleisch, weil er nicht tut, was sie wollen. Gerade er, der doch versprochen hat, alles leichter und schöner zu machen, und bei den Versuchen, dorthin zu kommen, unfassbar viel Zeit verschlingt. Gerade er, der erfahrungsgemäß genau dann ein Problem produziert, wenn man ihn am nötigsten braucht, und zwar ein Problem, das durch einen herkömmlichen Anwender nicht lösbar ist. Als hätten die Geräte feine Antennen zur Erfassung des Stresspegels vom Homo sapiens vor der Tastatur, gekoppelt an einen Krisenauslöser, der ab einem fixen Pegel ausrastet. Das hier war nicht das erste Mal, dass ich gerufen wurde, weil gerade dann, als es darauf ankam, der Computer den Geist aufgegeben hatte. Nach jahrelangen treuen, reibungslosen Diensten. Das schien mir auch hier der Fall zu sein – Stresskollaps, diagnostizierte ich, aber nicht nur. Hier stimmte noch mehr nicht. Daher setzte ich mich über meinen sonstigen Nicht-Wahrnehmungs-Eid hinweg und schaltete den Umgebungsfilter aus.

Ernst sah schlecht aus. Als hätte er mindestens die letzte Nacht nicht geschlafen und sich durchgehend Sorgen gemacht. Er wirkte abwesend, belastet, fahrig und nervös. Seine Kleider waren zerknittert – und er selbst auch irgendwie.

»Es tut mir so leid«, murmelte er, als er mir Platz machte.

Irritiert schaute ich ihn an. »Was tut Ihnen leid?,« fragte ich sachte.

»Alles.« Seine Miene versteinerte.

Ich wendete mich dem Laptop zu, dessen Zustand ich mich eher gewachsen fühlte, wie bedrohlich er auch sein mochte. Da mischte sich meine Auftraggeberin ein. »Jetzt fang doch nicht wieder damit an!«

»Andrea …«, begann er, brach ab.

Sie seufzte und erklärte mir: »Er hat mir das Gerät geschenkt, vor ein paar Jahren. Jetzt denkt er, das alles sei seine Schuld.«

Computer und Schuld. Ein weites Feld. In diesem Fall hörte sich das wenig schlüssig für mich an, auch wenn es sich eindeutig um einen Ernstfall handelte … nur in welchem Sinne? Ich startete das Gerät neu, versuchte es mit F8/F5, abgesicherter Modus. Der Patient piepste, immerhin, die grundlegenden BIOS-Tests wurden fehlerfrei durchlaufen. Die Festplatte war auch noch ansprechbar, das entspannte mich etwas. Das Windows-Logo erschien, in 256 Farben und einer minimalen Auflösung, flackernd – gleich würden die üblichen Drohungen über den Bildschirm laufen, an die ich längst gewöhnt war. *Achtung! Windows wird im abgesicherten Modus ausgeführt.* Und die anderen Nettigkeiten, die sich anhören wie: Ab jetzt wird zurückgeschossen.

»Alles meine Schuld«, wiederholte Ernst mit Grabesstimme.

»Hör auf!« Andrea klang schrill.

»Meine Schuld«, wiederholte er.

»Das hat ü-ber-haupt nichts mit dir zu tun! Das Ding ist nicht mehr das jüngste. Und das konntest du doch nicht wissen, dass es jetzt kaputtgeht!«

Stimmt, dachte ich. Das konnte er nicht wissen. Aber sie hätte ein Back-up von ihrer Doktorarbeit machen können. Es ist immer wieder unglaublich, wie fahrlässig manche Leute mit ihren Daten umgehen. Auch mir fiel siedend heiß ein, dass ich seit vier Wochen überfällig war.

»Aber ich hätte …«, begann Ernst, brach ab.

Gänsehaut rieselte meinen Rücken hinab.

»Du wolltest mir eine Freude damit machen«, sagte Andrea versöhnlich.

Ich starrte auf den Bildschirm.

Ernst schnaubte verächtlich. »Ja. Damals.«

»Das weiß ich doch.«

Er atmete schwer. »Du hast noch immer keine Ahnung?«

»Ich weiß nicht, wovon du redest. Aber ich bin sicher, alles wird sich aufklären, jetzt, wo die Spezialistin da ist.«

Die Spezialistin hätte sich am liebsten selbst in den Papierkorb geklickt und den dann sofort geleert. Lieber Himmel! Mir schwante das Schlimmste. Aber nein, das konnte nicht sein, immerhin: Windows lief, der Explorer ließ sich starten.

»Wo haben Sie Ihre Daten denn abgelegt?«, fragte ich Andrea hoffnungsvoll.

Sie deutete auf das Symbol für *Eigene Dateien.* Ich schluckte. Da hatte ich als Erstes nachgesehen. Der Ordner war leer. Ich verschwieg das und erkundigte mich: »Mit welchem Programm erstellen Sie Ihre Dokumente?«

Sie zeigte auf das Icon für WinWord.

Ich doppelklickte es. Nichts geschah. Also war das Programm auch weg oder jedenfalls die Verknüpfung dazu fehlerhaft.

Ernst hatte ganze Arbeit geleistet, wie ich erkannte, wovon Sabine nichts wissen wollte. Statistiken behaupten, dass 70 Prozent aller Angriffe auf Daten und System von innen kommen, also aus den eigenen Reihen. In Firmen von missgünstigen, psychotischen, gewinnsüchtigen oder sonst wie verblendeten oder gekündigten Angestellten, wie die Unternehmensführung meldet. Diese Angestellten handeln aus Rache, Gier, Neid, Langeweile oder blankem Hass. Im Privatleben spielt Eifersucht eine tragende Rolle. Ernst hatte es sicher gut gemeint mit dem Laptop-Geschenk. Doch dass seine Freundin mit dem mehr Zeit verbrachte als mit ihm, konnte er nicht verkraften. Außerdem chattete sie ständig mit ihrem Doktorvater. Also zog Ernst, ein Mann der Tat, den Stecker. Andere versuchen es erst mal mit einem Therapeuten oder Privatdetektiv. Oder einer Systemadministratorin. Es gelang mir, die Arbeit von drei Jahren fast vollständig zu retten. Ich glaube allerdings nicht, dass die Beziehung der beiden noch gerettet werden konnte. Also die von Ernst und Sabine. Die zu ihrem Laptop fuhr nach dieser kleinen Krise schnell wieder hoch und verlinkte sich glatt.

MAUSSCHUBSEREIEN

Das Unterrichten an der Computerschule gefiel mir besser als die Arbeit in der Bauphysik. Ich bereute meine Entscheidung, das Fach gewechselt zu haben, kein einziges Mal und lernte viel Neues, was mich glücklich machte. Das Arbeitsklima war humorvoll, die Leute in den Kursen in der Regel sehr interessiert, auch wenn es hin und wieder ein paar Zögerliche gab, die ihre Angst vor dem eigenen Versagen als Technikresistenz zu tarnen versuchten.

Computer hielten gerade erst Einzug in die Firmen, der Bedarf an Fachwissen war groß. Dabei war das Internet nicht einmal im Ansatz so verfügbar, wie wir es mittlerweile gewohnt sind. Das Netz der Netze, heute als Informations- und Einkaufsbörse nicht mehr aus unserem Alltag wegzudenken, führte ein zurückgezogenes Dasein, das sich – nach zunächst rein militärischer Nutzung – erst einigen Universitäten und Bibliotheken erschlossen hatte. Das lag einerseits an der unhandlichen Bedienung: Wer schlägt sich schon gerne mit einem schwarzen Bildschirm herum, von dem einen ein Cursor fragend anblinkt, der nur auf eine spezielle Art und Weise angesprochen werden will – in einer Sprache, die kaum ein Mensch versteht, die zu lernen lange Zeit in Anspruch nimmt und viel Geduld erfordert. Keiner! Wer nimmt das dennoch auf sich? Jemand, der darauf angewiesen ist oder die Möglichkeiten erfasst hat, die sich dahinter verbergen. Also eine kleine Gemeinde in einem uneinnehmbaren Dorf ... So ähnlich hatten die Militärs das erste Netz zur Speicherung relevantester Daten konzipiert: Es sollte uneinnehmbar und ausfallsicher sein. Da es aber seit der Erfindung der Atomwaffen auf der ganzen Welt keinen Ort mehr gibt, der unzerstörbar ist, musste eine neue Lösung her: Man wollte die Daten an mehreren Orten unterbringen und diese miteinander verbinden, damit der Informationsstand auf einem Niveau gehalten werden konnte. Die Verteilung auf mehrere Standorte verringert die Wahrscheinlichkeit, dass auf einen (militärischen) Schlag alle Informationen ausgelöscht werden können. Als dieses Netz erst mal erstellt war und die politische Lage sich nach der heißen Phase des Kalten Krieges etwas abgekühlt hatte, wurde dieses schlaue Netz auch Universitäten zugänglich gemacht, denen der Informationsaustausch sehr gelegen kam: Bibliotheksbestände wurden abrufbar, Forschungsergebnisse konnten in Sekundenschnelle ausgetauscht werden. Es gab *Schwarze Bretter,* an denen man digitale Zettel hinterlassen konnte, zu allen erdenklichen Themen.

Es faszinierte mich, dass, ähnlich wie in neuronalen Netzen, also analog zum Gehirn, eine Toleranz gegenüber Ausfällen verschiedener Bereiche existierte. Eine lokale Zerstörung des Netzes muss die Leistungsfähigkeit des gesamten Systems nicht beeinträchtigen. Beim Menschen geschieht dies womöglich durch einen Unfall; im Krieg durch eine Bombe. Je nach Größe und Lage des betroffenen Gebietes ist es möglich, dass andere Bereiche die Aufgaben der zerstörten Region vollständig übernehmen. Auch kann, trotz der Entfernung von Teilen des Gehirns, das dort lokalisierte Wissen erhalten bleiben.

24/7

Der eigentliche Durchbruch bahnte sich an, als in Genf ein gewisser Tim Berners-Lee von der Uni beauftragt wurde, ein Dokument zu schaffen, das die Unmengen an Forschungsergebnissen in übersichtlicher Form auffindbar und lesbar machen sollte. Bei Genf befindet sich das sogenannte CERN, eine europäische Großforschungseinrichtung zur Erforschung der kleinsten Bausteine der Materie. Der Versuchsaufbau mit einem unterirdischen Teilchenbeschleuniger von über 20 Kilometer Durchmesser befindet sich außerhalb der Stadt. Mehr als 3000 Menschen arbeiten fest in diesem weltweit größten Forschungszentrum auf dem Gebiet der Teilchenphysik, über 10 000 Gastwissenschaftler aus 85 Nationen sind hier mit Experimenten beschäftigt. Klick: http://de.wikipedia.org/wiki/CERN

Wegen dieses hohen Andrangs ist die jeweils zugewiesene Zeit im Beschleuniger knapp bemessen. Der Betrieb läuft 24 Stunden täglich, sieben Tage die Woche … wie es in der IT-Branche vielerorts üblich ist: 24/7 lautet das Kürzel für die gewünschte Verfügbarkeit von AdministratorInnen. *Sonst häng ich mich auf*, droht der Computer … und der Administrator kann seinen Job an den Nagel hängen.

Niemand könnte die Mengen an Ergebnissen jemals sichten, allein die Verwaltung des Papiers überforderte ein Forschungsprojekt. Davon abgesehen könnte kein Mensch das alles lesen. Tim Berners-Lee erfand ein geniales Format, um dieses Problem zu lösen: Einen sogenannten Hypertext, der aus mehreren Ebenen besteht. Die eine Ebene enthält Befehle und Steuerzeichen, und die Art (das Protokoll), wie diese zu transportieren sind, zeigt jeder Browser an, meistens mit dem Befehl *Ansicht* (bei Safari für Mac Darstellung –> Quelltext anzeigen). Die andere, für uns sichtbare Ebene enthält Text, Ton, Bilder und, das Wichtigste: »Links«, Verweise auf andere Seiten. Dieses Format bezeichnete Berners-Lee als »http«: Hyper Text Transport Protocol. Die dazugehörige Sprache nannte er »html«: Hyper Text Markup Language. Damit war ein gigantisches Werkzeug für ein galaktisches Nachschlagewerk geschaffen, das sich auch von ambitionslosen Mausschubsern einfach bedienen lässt. Für die Betrachter ist nur die hübsche Seite mit den Inhalten sichtbar; das Programm, in dem man die Seiten betrachtet, versteht den restlichen Kram, die Steuerungsbefehle, welcher Server angesteuert werden soll, um eine bestimmte Seite zu öffnen, wenn ein Link angeklickt wird.

Freundlicherweise verzichtete Tim Berners-Lee darauf, dieses Dokumentformat unter Copyright zu stellen, was seinen Siegeszug erst recht beschleunigte. Jeder durfte in diesem Format seine Seiten erstellen und auf einem Server veröffentlichen. Daraus ergab sich eine nie gekannte Freiheit, etwas zu publizieren. Der Aufbruch in eine ganz neue Art zu arbeiten! Keiner von denen, die diese Revolution begriffen, konnte sich dem Sog entziehen. Es mag auch am Beginn des Wassermannzeitalters gelegen haben, welches schließlich unter dem Zeichen schneller Kommunikation und großer Offenheit steht. Das Informationszeitalter steckte in den Kinderschuhen, und wir stolperten mit los. Man brauchte kein Schloss mehr dafür, ein WG-Zimmer genügte. Die Kapazität der Computer erreichte neue Dimensionen – was früher einen Thronsaal benötigte, passte plötzlich unter einen Schreibtisch. Oder sogar obendrauf.

Goldgräberstimmung

Ich fand die Idee berauschend: eine Informationsquelle, die von überall her angezapft werden, in die jeder Beiträge einstellen kann, und kaufte mir eines der ersten Modems, damit ich und mein Computer mitspielen konnten. Mein Notebook stammte aus Taiwan, zunächst nur mit DOS bestückt, später pfropfte ich mit Hilfe eines Dutzends Disketten Windows 3.11. drauf. Was mir völlig schlüssig erschien, kam vielen Laien wie ein Wunder vor, und ich wurde immer wieder gefragt, wie das denn funktioniere. So ungefähr muss das gewesen sein, dachte ich, als die Telefone unsere Kommunikation in die Ferne ermöglichten und die Menschen landauf, landab fast in Ohnmacht fielen, wenn sie plötzlich die Stimme eines abwesenden Verwandten im Ohr hatten.

»Du musst dir das so vorstellen«, erklärte ich beispielsweise: »Wenn du jemand anrufen willst, brauchst du ein Telefon. So ähnlich ist das auch beim Computer. Er muss, um im Internet arbeiten zu können, auch wo anrufen, und zwar beim Rechner, der die Auskunft kennt, die er braucht, weil du sie von ihm forderst. Nun hast du zwar ein Telefon zu Hause, die Leitungen sind also da, doch damit allein kann der PC nichts anfangen. So wie wir mit der Leitung allein auch nichts anfangen können. Wir benötigen das Telefon, um sie nutzen zu können. Der Rechner braucht auch einen Übersetzer, das Modem. Mit ihm kann er Signale durch die Telefonleitung senden und empfangen.«

»Und wohin?«

»An einen anderen Computer. Den bittet er um einen Dienst. Kumpel, schick mir mal diese Seite rüber. Das macht er dann – oder er verbindet dich mit demjenigen, der die Seite hat.«

»Die sind ja total nett, diese Computer.«

»Hab ich jemals was anderes behauptet?«

Damals erklärte ich den Unterschied zwischen analog und digital nur selten, da die meisten Leitungen analog arbeiteten. »Wenn ich in den Hörer brülle, ist das Signal, das daraus gemacht wird, analog dazu sehr heftig, mit großem Ausschlag. Daher der Name Brat-Kartoffel oder Überschall-Flugzeug oder Taucher-Brille: Analog zum Auslöser verhält sich das Signal.«

Leider ist die Anzahl der Signale pro Zeit, die durch analoge Leitungen übertragen werden können, begrenzt: Damals waren 14 000 Baud, Symbole pro Sekunde, schon viel. Klar, dass mein erstes Modem über diese Kapazität verfügte. Bevor ich es anschloss, las ich mit zunehmendem Vergnügen die unverständlichen Anleitungen und AT-Befehlsfolgen, also die Sprache, in der mein Notebook mit dem Modem kommunizieren würde. Dann stöpselte ich sie zusammen, und mein Computer reagierte mit einem verwunderten Pfeifen, von dem ich nicht genug kriegen konnte. Ich war drin! Jahrzehnte vor Boris Becker!

Die AT-Befehle sind für den PC das, was wir sonst am Telefon eintippen – mangels Fingern gibt der PC seinem Telefon, also dem Modem, so etwas wie Sprachbefehle. Die Sprache, die ein Modem versteht, fängt immer mit AT an, das heißt so viel wie *Attention*. Eigentlich ganz sinnig: Achtung, aufpassen, jetzt wird es ernst, jetzt kommt gleich ein Befehl. Der PC brüllt: »AT&HO!« HO heißt Hang up!: Leg sofort auf. Das dienstbeflissene Modem tut das. Und wenn der Computer fordert: »ATD123«, fängt das Modem an zu wählen. Wer mehr darüber wissen will ... Klick: http://de.wikipedia.org/wiki/AT-Befehls-satz

Der Kater des Präsidenten

Eines Abends, ich war zu Besuch bei meiner mittelalten Schwester und beschäftigte mich mit meinem Notebook, was ich derzeit am liebsten tat, seufzte sie plötzlich abgrundtief.

»Alles in Ordnung?«, fragte ich zum Sofa hinüber, wo Martina bequem lag, einen Stapel Papier in den Händen.

»Ach, wenn ich dieses Buch doch bloß hätte!« Ihr Wunsch tönte aus tiefstem Herzen.

»Welches Buch?«, fragte ich, schon wieder mit meiner Technik beschäftigt, damit die Einwahl endlich funktionieren würde.

Meine Schwester nannte einen Titel. In diesem Augenblick hatte ich in ihrer Wohnung Anschluss zum Internet. Ich gab den Titel des Buches ein. Es dauerte eine Weile, dann sagte ich betont beiläufig: »Das Buch, das du suchst, gibt es in Washington. Man kann es sich schicken lassen.«

Meine Schwester fuhr hoch. »Wie? Washington? Was?«

Ich nickte.

»Wie kommst du auf Washington?«

»Wir sind in Washington«, stellte ich sie vor vollendete Tatsachen.

Mit einem Satz war meine Schwester zu einem virtuellen Rundgang durch das Weiße Haus neben mir. So wurden wir mit dem schwarzgefleckten weißen Kater des Präsidenten der Vereinigten Staaten von Amerika bekannt.

»Unfassbar!«, rief meine Schwester.

»Allerdings«, bestätigte ich. Wir waren im Weißen Haus!

»Also dass die Natur das fertigbringt, einem schwarzen Kater solche Socken anzuziehen.«

Ich dachte an unseren Vater und sein Faible für Technik und konnte mir ein Grinsen kaum verkneifen. »Deshalb heißt er Socks.«

Gut gelaunt surften Martina und ich durch verschiedene Uni-Bibliotheken an der Ostküste der USA, streiften einige Rechner in Neuseeland, prallten an einem Server in Südafrika ab und glitten schließlich ermattet zurück auf den süddeutschen Fußboden.

»Das ist ja der Hammer«, stellte meine Schwester fest. Damit traf sie den Nagel auf den Kopf. Manchmal blieb mir schlichtweg die Luft weg, weil hier etwas so Großes geschah. Ich erinnere mich genau an das mir damals völlig neue Gefühl, körperlos gereist zu sein – sehr befremdlich, sehr deutlich und sehr faszinierend. Berauschend geradezu. Keiner brauchte mehr auf das Jenseits oder seine Erleuchtung zu warten. Es war möglich. Jetzt. Überall gleichzeitig

mit allen anderen verbunden, weltweit. Austausch in Lichtgeschwindigkeit. Wenn man Tempo hören könnte, herrschte im Internet ein Höllenlärm. Aber man hört nur das leise
Klackern der Tastatur und seinerzeit das Pfeifen des Modems. Himmlisch!

Diese Faszination wollte ich mit anderen teilen. Alle Menschen sollten Zugang zu dieser Informationsquelle erhalten
und körperlos reisen können, ohne das Sofa zu verlassen –
durch die ganze Welt.

»Wir sollten Kurse fürs Internet anbieten!«, schlug ich
meiner Chefin in der Computerschule vor.

Bärbel musterte mich eine Weile schweigend. Dann sagte
sie: »*Du* wirst diese Kurse konzipieren und anbieten. Und
die Rechner dafür verkabeln und einrichten. Mir ist alles
recht, solange du keine Löcher in Tische oder Türen
bohrst.«

Ausatmen auf F

Also befasste ich mich mit der Vernetzung von Computern
und der Bereitstellung eines gemeinsamen Internetzugangs.
Was heute banal klingt, war damals ein Abenteuer. Digitale
Leitungen waren dabei, die analogen zu ersetzen, da sie viel
mehr Signale in einer Sendung übermitteln konnten und
deutlich mehr Funktionen ermöglichten. In digitalen Leitungen werden die Signale in digitale Form gepackt, also in
Signale, die aus 0 und 1 bestehen. Wenn ich in ein ISDN-
Telefon brülle, gleicht das Signal hier nicht in seiner Stärke
meinem Gebrüll, sondern die Stärke wird dem Signal an der

Stelle für »Stärke ist gleich« in 0 / 1 errechnet und mitgegeben. Es ist eine völlig andere Technik, daher lassen sich digitale Leitungen nur mit digitalen Geräten ansprechen. Was vorher das Modem leistete, übernahm nun die ISDN-Karte. Analoge Telefone wurden durch ISDN-Telefone ersetzt. Leider gab es in der Anfangszeit nur wenige ISDN-Einwahlknoten; und ein Großteil der ISDN-Geräte war noch nicht ausgereift. Die Firma AVM in Berlin gehörte zu den ersten, die funktionierende ISDN-Karten anboten. Sie wurden in den Computer gesteckt, um mit dieser schnelleren Verbindungsart den Datenverkehr zu beschleunigen. Das kennt man ja: Gute Karten entscheiden das Spiel! Am besten Full House. Doch das ließ noch auf sich warten. DSL war noch nicht erfunden. Router als zentrale Paketweiterleitungsstelle für Daten übernahmen die Verteilung. Zusammenwohnende Pärchen hatten im ISDN-Zeitalter ein neues Streitthema.

»Bist du drin?«

»Ja.«

»Geh raus, ich muss rein!«

Und wenn einer im Netz war und die andere telefonierte, war die Telefonleitung des Ersten besetzt. Da zeigte sich schnell, wie viel Megabyte der Grenzwert für eine Liebe darstellte.

Die ersten beiden Gateway-Rechner, also Rechner, die die Router-Funktion übernahmen, wurden mit ISDN-Karten namens *Fritz!* ausgestattet. Vielen Leuten gefiel dieser untechnische Name – und das Logo der Firma war auch witzig. Ein gemalter Seehund mit einer gewissen Ähnlichkeit zu Goofy. Fehlte nur noch die Software, die das Problem lösen sollte, wie das ganze System ins Internet kam. Das einzige Programm, das ich nach langer Suche fand – wir schrieben das Jahr 1996 –, stammte aus Neuseeland. Der Termin für meinen ersten Internetkurs rückte näher und näher. Meine Versuche, das Programm von einem Server in Neuseeland per Modem herunterzuladen, brachen stets bei 95 bis 98 Prozent des Downloads ab. Ich war am Verzweifeln und stellte das Schlafen praktisch ein. Eines Nachts gegen 1.30 Uhr machte es »Pling!« und der Download war komplett. Einmal lange auf F ausatmen. Jetzt musste ich nur noch überprüfen, installieren und verteilen. Und dann konnte der Kurs starten.

»Warum bist du eigentlich so aufgeregt?«, wollte die Basis wissen. »Das ist doch nur ein Kurs.«

»Nein.« Ich schüttelte den Kopf. Meine Stimme klang belegt. »Es geht um die Eroberung eines neuen Kontinents.«

Nie mehr allein

Auch meine Chefin Bärbel und alle MitarbeiterInnen sahen dem ersten Kurs mit Spannung entgegen. Schon in der Mittagspause war klar: Ja! Dieses Angebot ist ein Volltreffer. Tatsächlich sollten wir uns in Zukunft kaum retten können vor Anmeldungen, und die Kurse mussten ständig aufgestockt werden.

Eine sonst recht fröhliche Teilnehmerin an einem meiner Internetkurse machte eines Vormittags einen traurigen Eindruck. Ich registrierte diese Stimmungsveränderung und nahm mir vor, sie bei Gelegenheit darauf anzusprechen. Das stellte sich als überflüssig heraus, denn am nächsten Tag, als wir die Newsgroups besprachen und unsere ersten Postings übten, meldete sie sich strahlend und wortreich wie gewöhnlich: »Mein Meerschwein ist vorgestern gestorben. Jetzt habe ich heute, um das mit den Newsgroups mal auszuprobieren, diese traurige Nachricht in einem Forum für Kleintierliebhaber gepostet. Nach weniger als zehn Minuten hatte ich 200 Kondolenzbekundungen! Ich werde nie wieder allein sein!«

Vor meinem zweiten Kurs herrschte immer noch große Aufregung im Team. Obwohl beim ersten Mal alles funktioniert hatte, war ich angespannt, ob alles erneut reibungslos klappen würde: Zwei Rechner mit *Fritz!*-ISDN-Karten von AVM stellten die Server dar, über die der Kurs Zugang zum Internet hatte. Nach ein, zwei Unterrichtsstunden meldete die linke Stuhlreihe im Seminarraum plötzlich Probleme. Es wurden keine Seiten mehr angezeigt. Die rechte Stuhlreihe arbeitete ungestört im Netz. Was war denn das? Wie sollte ich mir so etwas erklären? Bei der Fehlersuche stellte ich fest, dass der Ordner, der für die Einwahl zuständig war, fehlte. Ratlos murmelte ich: »Wo ist denn jetzt nur der *Fritz!*-Treiber abgeblieben?«

Die Teilnehmerin, die ganz vorne saß, fragte: »Fritz?«

»Ja, der Treiber.«

»Ha, Fritz!«, rief sie genugtuungsvoll. »Den habe ich sofort gelöscht! Mein geschiedener Mann hat hier nichts zu suchen!«

Es dämmerte mir, dass man in der Kombination Computer und Menschen mit allem rechnen muss.

KURZSCHLUSS

Die Kurse an der Computerschule entwickelten sich zum Hit, und wir benötigten zusätzliche Rechner für immer mehr TeilnehmerInnen. Kein Problem, dachte ich und stöpselte munter die damals übliche BNC-Verkabelung ein, schloss die neuen Rechner dazwischen und alles wieder zusammen. Das Netz geriet außer Rand und Band. Nichts lief mehr, das ganze Verhalten war komplett unberechenbar – und unerklärlich. Ich verbrachte eine Nacht damit, den Fehler zu finden. Was immer ich unternahm, sobald mehr als fünf Rechner am Netz hingen, brach alles zusammen. Ich zog meinen sehr geschätzten Kollegen Joachim zu Rate. Wir verbrachten die nächste Nacht damit, den Fehler einzugrenzen. Er ließ sich aber nicht eingrenzen. Schließlich saßen wir erschöpft an zwei Arbeitsplätzen, waren kein Bit weitergekommen und starrten auf die Monitore. Nach einer Weile sahen wir uns an und stellten fast gleichzeitig fest: »Du, die sind kaputt!«

Mit dieser genialen Schlussfolgerung wandten wir uns an den Laden, der uns die Rechner verkauft hatte. Ja, nein, unmöglich, kann nicht sein, und austauschen würden sie die bestimmt nicht, wenn wir sie kaputt gemacht hätten. Der Chef schickte einen Sachverständigen, der sich nach einigen Stunden ausgefeilter Tests mit teuren Messgeräten vor Lachen den Bauch hielt: So was habe er noch nie gesehen, da funktioniere ja gar nichts, haha, nein das hätte alles keinen Sinn. Dann ging er. Grußlos.

Sein Chef stellte sich tot. Ich kam gar nicht dazu, ihn aufzufordern, die fehlerhaften Geräte zu ersetzen. Abermals lief mir die Zeit davon; der nächste Kurs stand vor der Tür. Absagen oder verschieben hätte den guten Ruf unserer Schule beschädigt. So entschied ich, die fehlerhaften Teile bei einem anderen Händler neu zu kaufen und einzubauen. Jetzt klappte alles einwandfrei – bis auf den ursprünglichen Händler, der die Bezahlung der Austauschteile ruppig ablehnte, ehe er sich erneut tot stellte.

Nach diesem teuren Debakel beschloss ich, die nächsten PCs selbst zu bauen. So schwer konnte das doch wohl nicht sein. Ich würde mir den Ärger mit Händlern ersparen und könnte mich auf die Qualität verlassen. Später erst begriff ich, dass diese Entscheidung die Geburtsstunde meiner Firma war, die ich – im Nachhinein betrachtet – gerne feierlicher begangen hätte.

In der Gemeinde besorgte ich mir für 20 Mark einen dieser geheimnisvollen Gewerbescheine und schrieb im Anschluss einige Großhändler an, um Preise zu vergleichen. Da ich noch nie einen Computer zusammengebaut hatte, vertiefte ich mich in die Lektüre von Büchern über Hardware, Mainboards, IRQs, Performance. Dann bestellte ich einen Haufen testberichtbelobigter Einzelteile und verteilte sie in meinem Büro. Damals wohnte ich mit meiner neuen Basisstation in einem alten Bauernhaus auf dem Land hinter den Siebenbergen und hatte genug Platz für all die Hardware. Der Hauptanteil meiner Basisstation steckte in den letzten Zügen eines Psychologiestudiums und kümmerte sich nicht um Gehäuse, sondern um Innenleben. Eine wunderbare Ergänzung, die ich nur empfehlen kann, denn erstens brauchen Psychologen nicht so viel Platz – meine Hardware besetzte bald zwei Räume –, zweitens hängen an Computern eben hin und wieder behandlungsbedürftige Angehörige, und drittens: Wer sagt, dass Geräte keine Seelen haben? Wenn in Schwaben schon Semmeln als Seelen bezeichnet werden!

Es war ein spannender Moment, als ich meinen ersten Computer zusammenschraubte. Leider war ich nicht so unbefangen wie als Fünfjährige bei dem legendären Kofferradio von Schaub Lorenz. Aber hoffentlich genauso erfolgreich! Und ja: Plötzlich stand er vor mir. Mein erster selbst gebauter Computer, ein Pentium 100. Wunderschön in seinem aparten Graubeige, das Gehäuse geglättet, ein Handschmeichler sondergleichen. Mit Wollschaflogo! Das Netzteil leise wie das eigene CD-Laufwerk, die gedrehten Diskettenkabel – feine Drechslerarbeit – ließen sich in dem kleinen Gehäuse problemlos verräumen, und der restliche Kabelsalat … ich mache es kurz: die reinste Augenweide. Selbstverständlich hatte ich nur die besten Accessoires verbaut, das Mainboard hatte sämtliche Testberichte mit Bravour gewonnen, es erinnerte an New York von oben, und die Netzwerkkarten waren das Edelste, was es derzeit auf dem Markt gab. Der große Augenblick nahte. Ich atmete tief durch und schaltete mein Baby ein. *Paff.* Schon saß ich im Dunkeln.

»Hallo!«, rief eine Stimme von nebenan.

Diesmal nicht meine Mutter.

Ich schwieg.

»Corinna, wieso ist das Licht aus, was machst du da jetzt schon wieder?«, wollte die Basis von mir wissen.

In der Computerwüste

Die Computerkurse erforderten eine immer schnellere Internetanbindung, größere Festplatten, mehr Geschwindigkeit. Begeistert schlug ich mir halbe Nächte und Wochenenden um die Ohren: Da konnte ich endlich mal in Ruhe arbeiten, tagsüber kam ich nicht dazu. Die Basis merkte kaum, dass ich in einer anderen Dimension lebte; sie steckte tief in ihrer Doktorarbeit. Man traf sich gelegentlich in der Küche, im Flur.

»Hallo!«

»Ach ja, hallo.«

Man staunte, dass man nicht alleine lebte, wünschte sich »Frohes Schaffen« und widmete sich wieder den im Moment wichtigsten Dingen. Ein schönes Gefühl, zu zweit allein sein zu dürfen.

»Es beruhigt mich, wenn du arbeitest«, vertraute mir die Basis an.

»Mich auch«, vertraute ich ihr an. Wie meistens waren wir einer Meinung.

Während der normalen Bürozeiten meiner Firma und in der Computerschule war ich mit Alltagsaufgaben überhäuft. Außerdem hätte ich zu diesen Zeiten nicht experimentieren können, ich hätte den ganzen Betrieb lahmgelegt. Ich musste aber gewisse Versuche starten, denn es hatten sich mit den wachsenden Anforderungen auch Lösungen für Dinge wie Systemsicherungen und schnellere Hardware entwickelt – die ich testen wollte, ehe ich sie einbaute. Ein Teil der Tätigkeiten ließ sich in Kurse über Hardware integrieren, was allerdings mit einem gewissen Risiko verbunden war: Nach Kursende riefen immer ein paar Schräublein verzweifelt nach ihren Muttis, die sicher im Gehäuse saßen, während die Schräublein nah am Abgrund einsam auf den Tischen kullerten.

Mittlerweile meldeten sich auch andere Computerschulen bei mir – es hatte sich herumgesprochen, dass meine Geräte gut funktionierten. Eine meiner Lieblingskundinnen war Petra in Nürnberg, eine Frau mit viel Unternehmergeist, innovativen Ideen und einer unverwüstlichen Zuversicht. Eines Tages fragte sie mich, ob ich Interesse daran hätte, im Rahmen einer technischen Entwicklungshilfe mit ihr nach Marokko zu reisen. Dort sollte innerhalb einer Woche das Grundlagenwissen für Vernetzung von Rechnern an eine Gruppe von Leuten aus verschiedensten Regionen weitergegeben werden, die das dann ihrerseits in ihrer Region verbreiten sollten. Hardware hatte Petra bereits von einigen Firmen zur Verfügung gestellt bekommen – Geräte, die in unseren Breiten trotz bester Funktionsfähigkeit ausrangiert wurden, weil sie als veraltet galten.

Eine Woche war ein viel zu kurzer Zeitraum für den Inhalt, der vermittelt werden sollte: von der formatierten Festplatte bis zum Internetzugang. Doch das Projekt interessierte mich, und außerdem schien es mir politisch sinnvoll. Marokko hatte damals einen jungen König, dessen Frau sich für die Entwicklung von Bildung, für freien Informationszugang und ein dringendes Update der Frauenrechte einsetzte.

Petra und ich trafen uns am Abflugtag in Nürnberg am Flughafen, es war Dezember, kalt, nass, wir teilten die hämische Freude, dieses ungemütliche Wetter hinter uns zu lassen. Im Flieger saß eine Frau neben mir, um die ich mir schon beim Anschnallen Sorgen machte. Sie war so nervös, dass sie den Sicherheitsgurt kaum zusammenstecken konnte, und krallte sich dann in die Armlehnen, als handelte es sich um einen Shuttle-Start mit final destination Mars. Dabei waren die Triebwerke noch nicht einmal richtig angelaufen. Als das Dröhnen der Motoren einsetzte, lief ihr der Schweiß in Strömen über das Gesicht. Direkt nach dem Start entspannte sie sich, seufzte tief auf und sagte: »Gott sei Dank. Vor jedem Flug schwöre ich mir hoch und heilig, mir das nie wieder anzutun. Und kurz darauf finde ich mich erneut in so einer Blechzigarre wieder. Dabei *kann* das nicht gutgehen: Es ist gegen die Natur. Kennen Sie sich mit Technik aus? Dann wissen Sie ja, wie zuverlässig diese Dinge sind!«

Ich lächelte freundlich und gab ihr innerlich recht.

Der Flughafen in Agadir erschien mir wie eine Geisterstadt – außer uns war fast kein Mensch da, dabei sollten wir abgeholt werden. Als schließlich ein offiziell aussehender Mann mit schnellen Schritten auf uns zulief, hatten wir eher Angst, verhaftet als willkommen geheißen zu werden. Doch er begrüßte uns sehr höflich, winkte Träger herbei, die das

Gepäck übernahmen, und führte uns zu einem Minibus, der uns ins Hotel brachte, schön gelegen, nah am Meer, die Regierung ließ sich unseren Besuch etwas kosten.

Die Kurse fanden in einer nahe gelegenen Schule statt. Das riesige Gebäude verfügte über eine große Küche, mehrere Gärten und Werkstätten. Als am ersten Morgen die TeilnehmerInnen anrückten, unter ihnen nur zwei Männer, begriff ich, dass es wirklich ein außergewöhnliches Projekt war: Alle stellten sich vor und zeigten dann auf einer Landkarte, von wo sie angereist waren. Da mein Französisch auf eine Briefmarke passt, verstand ich fast kein Wort, aber eines war klar: Sie waren tatsächlich aus dem ganzen Land gekommen, sternförmig, aus Städten wie Marrakesch, aus kleinen Dörfern am Rand der Sahara, aus Siedlungen im Atlasgebirge. Manche hatten regelrecht Strapazen auf sich genommen, um dabei zu sein. Mir wurde etwas klamm – ob unser kleiner Kurs eine solche Reise wert war? Nach der ausgiebigen Vorstellungsrunde begannen wir damit, die Hardware zu erklären. Glücklicherweise hatten wir eine Übersetzerin dabei. Die rasche und konzentrierte Auffassungsgabe vieler Marokkanerinnen begeisterte mich. Nach einem Achtstundentag voller technischer Begriffe saßen sie mit leuchtenden Augen vor mir: »Encore, please!«

Vielleicht sollte man Computer in unseren Breiten verknappen, vielleicht den Zugang erschweren, überlegte ich mir. Dann gäbe es vielleicht wesentlich weniger Probleme durch Bedienungsfehler wegen Unwissenheit.

KEIN ANSCHLUSS
UNTER DIESER NUMMER

In der ersten Zeit nach meiner Firmengründung unterrichtete ich weiterhin an der Computerschule, da ich noch zu wenige Kunden hatte, darunter viele Privatkunden wie Professoren mit einem Heimbüro, Theaterleute, eine Heilpraktikerin, eine psychologische Praxis und ein kleiner Verlag.

Viele meiner Kunden lernte ich in den Computerkursen kennen. Als die Mundpropaganda ins Rollen kam, konnte ich mich vor Aufträgen bald nicht mehr retten – und ich kümmerte mich um fast jede Anfrage.

So auch an diesem Samstagabend. In der psychologischen Praxis ging »nichts mehr«. Gezieltes Nachfragen erbrachte die Auskunft, dass lediglich die Telefonanlage den Dienst quittiert hatte. Die Computer taten brav, was von ihnen verlangt wurde.

»Wir haben heute Abend eine Gruppe«, wurde ich instruiert. »Bitte gehen Sie durch den Garten in die Praxis, wir lassen die Tür für Sie offen.«

Es war schon dunkel, hin und wieder zwitscherte ein Vogel, dem die Nacht nicht kurz genug sein konnte, die ersten Forsythien blühten an der Hausmauer, als ich mich durch den Innenhof zur Hintertür schlich. Vor den großen Fabrikfenstern gab es keine Jalousien, und ich hatte freien Blick in das Innere. Ein Dutzend Menschen. Alle brüllend. Offene Münder, geschlossene Augen. Arme nach oben gereckt, mit den Füßen stampfend. Ich sprang in Deckung. Dabei konnten sie mich gar nicht sehen. Mein Gott, war mir das peinlich. Man weiß, dass es so was gibt, aber es ist nicht richtig, es unbemerkt zu sehen. Ein Mann stürzte zu Boden, rollte sich in Embryohaltung zusammen, von Heulkrämpfen geschüttelt. Ich konnte ihm und allen anderen Gebeutelten nur von Herzen alles Gute wünschen. Immerhin hatten sie hier einen Raum gefunden, in dem das alles an die Benutzeroberfläche kommen durfte.

So sieht es in Wahrheit in den Menschen aus, die täglich wohlsortiert an den Bushaltestellen warten, um zur Arbeit zu fahren, dachte ich mir. Das ist die Wahrheit im Hinterhof. Heilfroh, aus beruflichen Gründen hier zu sein, öffnete ich die Tür zur Praxis und kümmerte mich um die Telefonanlage. Als alles wieder funktionierte, klopfte ich ihr zum Abschied sinnbildlich mitfühlend auf die Schnittstelle. Sie hatte es nicht leicht in diesem Umfeld, auch wenn Telefonanlagen prinzipiell stabiler sind als Computer.

Es klingelt, also bin ich

Die ISDN-Anlage im Buchladen wollte nicht so wie ihre Besitzerin. Sie hatte die unhöfliche Eigenschaft, mitten im Betrieb abzuschalten, was sämtliche Telefonate jäh unterbrach. Nach einem Neustart konnte man dann zwar wieder Anrufe tätigen, doch die Rufnummern hatte die Anlage vergessen – Totalamnesie. Immerhin zeigte die Anlage die ankommenden Rufnummern an, nur klingeln wollte sie nicht. Aber so konnte man wenigstens zurückrufen. Meistens. Worunter die Inhaberin und deren Erreichbarkeit deutlich zu leiden hatten. Ihre Nerven lagen blank. »Ständig beschweren sich meine Kunden! Manche fragen, ob mein Geschäft so gut läuft, dass ich es geschlossen halten kann. Dabei bin ich praktisch rund um die Uhr hier!«

»Ich weiß«, sagte ich mitfühlend.

Es gibt auch defekte Telefonanlagen, bei denen meldet eine Computerstimme: »Dieser Anschluss ist vorübergehend nicht erreichbar«, wenn der Anschlussinhaber telefoniert. Das weiß der Anrufer aber genauso wenig wie die Angerufene, außer ein guter oder hämischer Freund wagt die peinliche Frage: »Hast du vergessen, deine Telefonrechnung zu bezahlen?«

Die Anlage im Buchladen führte mich an der Nase herum. Immer wieder und wieder las ich die Gebrauchsanweisung und konnte nach und nach alle Häkchen in der Konfigurationssoftware schneller setzen, als sie mir angeboten wurden. Erst am Vortag hatte ich die gesamte Verkabelung überprüft, mit einem geliehenen Testgerät für ISDN-Leitungen, das viele schöne Blinklichter aufblitzen ließ. Heute war die Konfiguration dran gewesen. Das Problem war: Es gab kein Problem. Alles korrekt, die Einstellungen, die Werte der Leitung, die Telefone. Mittlerweile fühlte ich mich in dem Laden schon fast wie zu Hause, so viel Zeit hatte ich damit zugebracht, auch den Computer hatte ich eingerichtet und war bei der Software behilflich gewesen. Die Inhaberin war mir dankbar für meine beharrlichen Bemühungen und legte mir jeden Abend ein paar CDs raus, die ich nebenher Probe hörte. Einige der Texte kann ich bis heute auswendig. »To hell with the consequences«, sang ich lautstark mit und setzte die Telefonanlage zum x-ten Mal in den Auslieferungszustand. Das war eine ihrer praktischsten Funktionen. Warum gab es so was nicht für Menschen? Die Nächte im Buchladen waren still, er lag inmitten von Bürogebäuden, und die laute Musik störte niemanden. Hoffte ich.

»Eine Chance gebe ich dir noch«, beschwor ich die Anlage, als ich sie von der Wand nahm. »Du bekommst eine neue Firmware, die gibt es erst seit heute. Und wenn du dann immer noch so zickig bist – fliegst du raus.«

Solche Drohungen hatten schon verblüffend oft geholfen, aber dieses Mal zog auch das nicht. Ich tauschte die Anlage gegen ein anderes Fabrikat eines anderen Herstellers aus. Diese funktionierte einwandfrei, was die Kundschaft des Buchladens in den nächsten Tagen stark irritierte, da die Buchhändlerin jedes Telefonklingeln mit Jubelschreien quittierte. So leicht sind Menschen manchmal glücklich zu machen. Und so verschieden. Andere freuen sich, wenn es nicht klingelt. Das mit der Erreichbarkeit ist so eine Sache. Jeder will manchmal in Ruhe gelassen werden, aber wehe, das wird ernst genommen!

Insel für alle

Auch Christina, die Inhaberin eines Malereibetriebes, hatte Probleme mit ihrer Erreichbarkeit. Sie schilderte mir das folgendermaßen: »Ich habe im Büro eine Rufumleitung auf das Handy geschaltet.«

»Und?«, fragte ich neugierig, denn ihre Stimme klang, als hätte das nicht funktioniert.

»Das hat auch bis gestern stets problemlos geklappt«, fuhr sie fort. »Doch jetzt kommen Anrufe nur noch durch, wenn ich telefoniere.«

»Wie geht denn das?«, entfuhr es mir. So was hatte ich noch nie gehört.

»Meine Kunden können eine Nachricht hinterlassen, solange ich telefoniere. Sonst herrscht Funkstille. Wenn frei ist, geht gar nichts.«

»Willst du damit sagen, du bist nur erreichbar, wenn bei dir besetzt ist? Also wenn du nicht erreichbar bist?«, fragte ich nach, unsicher, ob ich sie wirklich richtig verstanden hatte.

»Ja, genau das ist das Problem!«, brach es aus ihr heraus. »Die Kunden quaken mir die Mailbox voll und ärgern sich, weil sie mich nicht erreichen. Das Schlimme aber ist: Wenn ich nicht telefoniere, erhalten sie eine Meldung, dass ich nicht erreichbar sei!«

»Also wenn du erreichbar wärst, bist du es nicht«, fasste ich zusammen.

»Was macht denn das für einen Eindruck!«, rief Christina.

Keinen guten, dachte ich und weiter an die bekannte Insel der selig geflohenen AdministratorInnen.

»Ich kümmere mich darum«, versprach ich Christina.

»Danke.« Und weg war sie. Wenn es jemanden gab, der noch mehr zu tun hatte als ich, dann war sie das. Sie hatte die Leitung des Betriebes vor einigen Monaten übernommen, weil die Inhaberin schwer krank geworden war. Mittlerweile war klar, dass sie das Krankenhaus höchstens noch tageweise würde verlassen können. Eine sehr traurige Nachricht für die kleine Firma mit dem freundlichen Betriebsklima. Christina hatte nun drei große Baustellen, vier Angestellte, eine Beziehung, zwei Hunde, ein Büro und eine Rufumleitung … zu mir.

Ich überlegte mir einen ausgefeilten Testkreislauf, um den Fehler einzugrenzen. Der konnte an vielen Stellen liegen. Wir probierten alles Mögliche durch, und siehe da, wenn die Rufumleitung auf mein Handy geschaltet war, funktionierte sie einwandfrei. Aber worüber sollte ich mit Christinas Kunden reden? Biologischer Mantel um den Neubau? Ich würde gern bei Ihnen vorbeikommen und alles verputzen? Trendfarben im Treppenhaus? Mir lag dringlich an einer schnellen Lösung des Problems.

»Lass uns ein anderes Handy ausprobieren«, schlug ich Christina vor.

Davon wollte sie nichts wissen. »Mein Handy ist neu!«

»Womöglich ist das dein Problem. Hast du noch eine andere SIM-Karte irgendwo?«

»Glaub schon.«

»Dann pack die mal rein und ruf mich an, damit ich die Nummer weiß. Auf die setze ich dann die Umleitung, und wenn das klappt, gehst du in deinen Handyladen und verlangst einen Ersatz für die Karte.« Was auch immer mit der

SIM-Karte passiert sein mochte – sie entpuppte sich tatsächlich als die Ursache des Problems.

»Was würde ich nur ohne dich tun«, simste mir Christina, als alles wieder gut war – jedenfalls in Bezug auf ihre Rufumleitung. »Urlaub machen. Auf einer Insel«, antwortete ich ihr.

Der Kaktus des Dau

Ich verschwendete keinen Gedanken daran, ob mein Geschäft florieren würde, ob ich genug Geld verdienen würde. Ich wollte diesen Job machen. Ich wollte mit Computern arbeiten, und auch dazu brauchte ich die Firma, denn nur so würde ich an den Stoff kommen, meine Teile. Als Firma war ich befugt, Datendienste in Anspruch zu nehmen, Hardware einzukaufen und Support anzuzapfen, den ich als Privatperson nicht genossen hätte. Dieser Status war mir die Firmengründung allemal wert. Ich war aufgerückt vom Support für *Daus,* die dümmsten aller User, wie es im Hotlinejargon heißt, zum Händler. Will gar nicht wissen, wie die Abkürzung dafür lautet …

Es ist übrigens höchst unterhaltsam, die Ohren zu spitzen, wenn Hotliner sich in der Teeküche über ihre Telefonate unterhalten. Hin und wieder kam ich in den Genuss.

»Neulich frage ich den Kunden: ›Was steht denn auf dem Bildschirm?‹ Sagt der Kunde: ›Ein Kaktus und zwei kleine Indianer, aber die standen gestern auch schon da.‹«
Kein Witz. Realität im Callcenter.

Seit den TFTs, den schmalen Bildschirmen, kommt so etwas nicht mehr vor – glücklicherweise, denn auch ein Kaktus möchte gelegentlich gegossen werden. Eine Eigenschaft, die Bildschirme nicht mit Kakteen teilen.

»Wenn es wider Erwarten nicht klappt mit deiner Firma«, tröstete mich meine älteste Schwester Simi, »kannst du ja immer noch Käser werden.«

Seitdem ich vor vielen Jahren einen Sommer lang auf einer Alm gearbeitet hatte, war dies ein Running Gag zwischen uns.

»Und wie ist es jetzt mit dem Promovieren?«, fragte meine andere Schwester Martina.

»Promo-Viren, ist das die neueste Seuche im Netz, und haben die es auf die Prominenz abgesehen?«, fragte ich besorgt, die familiäre Schwerhörigkeit vorschützend.

»Ich sehe schon, du hast nichts anderes mehr im Kopf.«

»Deswegen komm ich ja zu nichts!«

Jeden Morgen wachte ich auf mit der freudigen Erwartung, was heute alles wieder Schreckliches passieren würde. Würde ich die Herausforderungen meistern? Und wenn ja, wie? Und wenn ich das Haus verlassen hatte: Wann würde ich zurückkehren? Heute noch? Oder erst morgen? Wie viele Schrauben würden diesmal übrig bleiben …

GLAUBENSFRAGEN

Je größer meine Firma wurde, desto weniger Privatkunden konnte ich mir leisten, was ich bedauerte, denn diese menschlichen Begegnungen ersetzten mir manches spannende Buch, das zu lesen ich zeitlich ohnehin nicht geschafft hätte. Zudem beglückten mich Privatkunden oft mit ihrer großen Dankbarkeit. Manche fielen mir sogar um den Hals, wenn es mir gelang, einen tot geglaubten Freund zum Leben zu erwecken, andere drückten mir nur ergriffen die Hand, wieder andere ließen mich nicht gehen, ohne mir Kuchen- und Wurstpakete aufzudrängen. Dieses kleine Extra schätzte ich sehr. Weniger Kuchen und Wurst als vielmehr das schöne Gefühl, geholfen zu haben. Ich gehörte zu den Guten! Chefs und Mitarbeiter äußern sich erfahrungsgemäß zurückhaltender; womöglich betrachten sie die Begleichung der Rechnung als Kuchen und Wurst.

Auch aus diesem Grund werde ich bis heute hin und wieder rückfällig und widme mich einem Privatcomputer, überwiegend im Freundeskreis. Wer kann da schon nein sagen.

Für meine Firma lohnt sich die Betreuung eines einzelnen Computers nicht. Da ist es besser, gleich am Netzwerk zu arbeiten, an dem viele Computer hängen; die Änderungen, die ich am Netzwerk vornehme, betreffen alle; ich muss sie nicht jedem einzelnen aufklicken. Es ist anstrengend, einzelne Computer bei Laune zu halten. Ich stelle mir einen zu hütenden Sack Flöhe dagegen wie Urlaub vor. Netzwerke verhalten sich in der Regel gesitteter als Einzelcomputer; da klingt der Einzelgänger mit. Das merkt man bereits, wenn man ihren Bereich betritt. In vielen Firmen wird er *Der Tempel* genannt. Dieser Raum strahlt Sphäre aus, Gespräche werden in gedämpftem Tonfall geführt. Im Tempel tummelt sich kein Jedermann, von Gewimmel oder Pizzakartons und Fotos der Lieben keine Spur. Allerdings sieht man das seinem Umfeld nicht unbedingt an. Der Tempel ist nämlich oft in einer ehemaligen Abstellkammer untergebracht. Aber auch Jesus wurde in einem Stall geboren. Die Kirche kam erst später. In den letzten Jahren habe ich in unzähligen Höhlen gearbeitet, die für einen gewerkschaftlich abgesegneten Arbeitsplatz zu klein und dunkel waren. Server kann man ohne schlechtes Gewissen so halten. Im Gegensatz zu Legehennen kümmert sich keiner um sie; fast keiner. Und in diesen engen Ställen kommt mir meine Körpergröße zugute. Ich kann aufrecht stehen, wo manche meiner Kollegen nur in gebückter Haltung ihre Dienste verrichten. Schön kühl ist es in Tempeln, Server sind Hitze gegenüber äußerst intolerant. Als Administrator darf man da nicht empfindlich sein und muss auch Lärm vertragen. Server machen einen Höllenlärm. Womöglich sind viele von ihnen deshalb auch in den Keller verbannt.

Trotz all dieser Unbilden ist das Flair des Tempelbezirks vergleichbar mit einer VIP-Lounge. Am Flughafen wuseln die Menschen herum, es ist laut, Trolleys rollen einem über die Zehen, Stimmen, die verschnupft klingen, rufen nach Passagieren, zweisprachig. Dann öffnet man die Tür und betritt die andere Welt. Beim ersten Atemzug schon merkt man es. Das Rauschen verschwindet. Hier herrscht erhabene Ruhe. Eine attraktive, dezent geschminkte Dame verlangt die Zutrittsberechtigung, die Teppiche sind weich und dicht, die Musik, wenn überhaupt, sehr leise, es gibt Tageszeitungen, die nicht rascheln, Essen und Trinken vom Feinsten, bequeme Sitzelemente, und überall wabert diese elitäre Watte der Souveränität, Sicherheit. Womöglich ist die Luft ein bisschen dünn. Man könnte sich für etwas Besonderes halten. Doch gerade ein Netzwerk kann einen ganz schnell auf den Boden der harten Hauptplatine zurückholen. *Such mich, wo ist der Fehler, ätsch, bätsch, ich bin besser als du.*

Das werden wir ja sehen!

Unters Volk gemischt, im Kreise von Einzelcomputern inmitten ihrer Bedienelemente, der Mitarbeiter, herrscht auch Sphäre, aber eher Friseursalonatmo-. Wobei mich natürlich niemand fragt, welches Shampoo er verwenden soll, damit der Spliss nachlässt. Doch der Körperkontakt ist eng. Es wird mir über die Schulter geblickt, und ich werde mit Fragen bombardiert. Manche Menschen sind so höflich zu warten, bis ich für sie online bin, keine Mitteilung am Bildschirm lese und zu verstehen versuche, um dem Fehler auf die Spur zu kommen. Andere wissen vielleicht gar nicht, dass es Momente gibt, in denen auch Menschen nicht aufnahmefähig sind. Das sind oft solche, die beharrlich und immer fester auf der Maus herumdrücken, obwohl die Sanduhr läuft.

»Wissen Sie, was das ist, er wird immer so heiß?«

»Ist das normal, dass er brummt?«

»Wieso klappt das mit den Seitenzahlen nicht? Ich mache es genau so, wie es unter Hilfe steht.«

»Warum lässt er sich nie beim ersten Mal runterfahren?«

»Wieso will er ständig mein Passwort?«

»Plötzlich war die Hilfe weg.«

»Warum merkt er sich manchmal meinen Zugangscode und manchmal nicht?«

Wenn ich mir diese Fragen genauer ansehe, stelle ich fest, dass der Computer gar nicht weiblich sein kann. Eine Sie würde weder brummen noch heiß laufen oder sich gar unterlassene Hilfeleistung zuschulden kommen lassen.

Die Leute erwarten, dass ich für alles eine schnelle Antwort parat habe, ob es sich um Soft- oder Hardware handelt. Wenn ich mich ihrem Problem widme, das sie oft gar nicht beschreiben können, eher weiträumig mit der Maus umfahren, die sie mir nur widerwillig überlassen; und dann zielgerichtet losklicke, weil ich eine Spur aufgenommen habe, höre ich: »Ach, ist nicht so wichtig.« Und kurz darauf wiederholen sie die Frage oder stellen eine neue.

Das ist wohl eine unveränderliche Konstante … genauso wie die Tatsache, dass mir viele Anwender gar nicht zuhören, was ich merke, wenn die Firma in der nächsten Woche erneut anruft.

»Warum geht jetzt die Telefonanlage nicht mehr?«

War ich erst kürzlich im Haus, bin ich natürlich für den Fehler verantwortlich. Wahrscheinlich habe ich etwas falsch zusammengestöpselt. *Die Technikerin war neulich am Gerät, da muss doch jetzt alles laufen.* Ich sage nichts dazu. Das wäre so, als würde einen ein Arztbesuch vor allen Viren schützen, denen man auf dem Nachhauseweg in der U-Bahn ausgesetzt ist. *Ihr könnt mir nichts anhaben, ich komme gerade vom Arzt.*

Placebo an der Platine

Manchmal tritt immer wieder derselbe Fehler auf – in manchen Fällen neigen Kunden zur Unbelehrbarkeit.

»Aber Herr Schnell! Haben Sie etwa wieder das Konfigurationsprogramm aufgerufen?«

»Ja, aber ich wollte nur die letzten Anrufe auslesen, ehrlich!«

»Und was ist dann passiert?«

»Das weiß ich nicht. Ich habe nichts gemacht. Trotzdem erreichen uns plötzlich keine Anrufe mehr.«

Ich weiß Bescheid. Und nicht nur das. Ich weiß auch, dass Herr Schnell niemals auf die Idee käme, seine Aktion könnte dafür verantwortlich sein. Es muss etwas anderes sein. Immer wieder dasselbe etwas anderes, seltsamerweise immer nach dem Besuch von Herrn Schnell im Konfigurationsprogramm.

»Wann können Sie kommen?«

»Ich schicke einen Mitarbeiter vorbei.«

»Können Sie nicht selber …«

»Ich sehe, was sich machen lässt.«

Ihre Treue rührt mich ja schon – und ich verstehe sie. Man geht auch ungern zur Vertretung des Leibarztes.

Im Tempelbereich des Netzwerks bin ich oft allein. Niemand stellt mir die üblichen Fragen. Und wenn ich den Tempel verlasse, schlüpft niemand hinein, um meine Einstellungen zu boykottieren; sie sind vor fremdem Zutritt geschützt. Außerdem interessiert sich ein herkömmlicher Anwender nicht für das Netzwerk. Er will, dass seine Kiste funktioniert. Dass das vom Netzwerk abhängt, ist ihm wurst. Selbst Chefs verwickeln mich äußerst selten in religiöse Diskurse. Sie wollen, dass der Laden läuft. Wie ich das mache, ist ihnen ebenfalls wurst, solange sie den Rechnungsbetrag für angemessen halten. Gelegentlich möchte ein Chef jedoch zeigen, dass er fest am Router sitzt und von allem eine Ahnung hat. Kompetente Chefs erkennt man daran, dass sie zugeben können, nicht alles zu wissen. Eine erfolgreiche Führungskraft fragt eher selten: »Was war denn jetzt eigentlich das Problem?« und trägt dabei eine Miene zur Schau, als könnte sie es verstehen.

Ich setze keine Miene auf, die so gedeutet werden könnte, als würde ich daran zweifeln. Manche meiner Kollegen tun das. Eine solche heimliche Rache des Administrators schlägt häufig zurück, denn: Wer zahlt, schafft an.

»Das wollen Sie gar nicht wissen«, sage ich stattdessen.

»Stimmt!«, besinnt sich ein Chef dann rasch, ehe er sich vergewissert: »Jetzt läuft alles wieder?«

»Ja«, sage ich mit fester Stimme.

Der Chef lacht. »Dann hoffen wir mal, dass wir uns so bald nicht wiedersehen.«

Das hoffe ich auch, was ich mir nicht anmerken lasse. Ich muss Zuversicht ausstrahlen, die sich über den Chef auf die Mitarbeiter und die Geräte verbreitet. Denn es gibt hier einige Korrelationen. So steht zum Beispiel die eigene Überzeugung oder das Ausmaß, in dem es gelingt, diese auszustrahlen, in direkter Verbindung zum Erfolg des Unterfangens. Und sogar zur Dauer der Wirkung. Diese hält länger an, wenn alle darauf vertrauen, dass die Technik jetzt stabil funktioniert. Das ist eine Art technischer Placeboeffekt, siehe www.wikipedia.de:

Placeboeffekte sind positive Veränderungen des subjektiven Befindens und von objektiv messbaren körperlichen Funktionen, die der symbolischen Bedeutung einer Behandlung zugeschrieben werden. Sie können bei jeder Art von Behandlung auftreten, also nicht nur bei Scheinbehandlungen.

Meine persönliche Versuchsreihe ist noch nicht abgeschlossen, daher kann ich nicht beurteilen, inwieweit der Erfolg von der Überzeugung der Administration oder der User abhängt. Und welchen Anteil daran die Geräte haben. Oder die Wechselwirkungen und synergetischen Effekte zwischen allen Beteiligten. Vielleicht ist letztlich alles nur eine Glaubensfrage. Der Computer funktioniert, solange sein Anwender an ihn glaubt. Und gilt nicht auch umgekehrt, dass der Anwender alles glaubt, solange der Computer sagt, dass es so ist?

»Frau Kammerer! Mein Word ist weg!«

Um Gottes willen, dachte ich. Das kann nicht sein, wollte ich sagen. »Wie, weg?«, fragte ich.

»Ich sehe es nicht mehr.«

»Bitte schauen Sie doch mal in Ihren Programmordner.«

»Nein, nein, mein Word ist weg.«

»Es könnte sich in Ihrem Programmordner befinden«, sagte ich freundlich. Denn wo sonst sollte es denn sein?

»Programmordner, wo ist der?«

»Links unten, Start, Programme. Dann irgendetwas im Sinne von Office.«

»Hab ich.«

»Und da müsste das Word sein.«

»Ja! Da ist es ja!«

Ich atmete tief durch. Ich hatte verstanden. Für diese Anwenderin gab es auf dem Computer nur das, was sie auf dem Monitor sah. Ich sorgte dafür, dass alle entsprechenden Icons in ihrem Blickfeld auftauchten.

Ist der Glaube an seinen Computer einmal erschüttert, schlittert der Anwender meist auf eine Krise zu. Plötzlich erscheinen die seltsamen Verhaltensweisen und unverständlichen Fehlermeldungen, die man zu ignorieren gewohnt war, in einem anderen Licht. Auf dem schwankenden Boden der allgemeinen Verunsicherung sieht alles auf einmal verdächtig aus und könnte *Der Feind* sein, da man den wahren Feind ja nicht kennt und daher auch nicht fassen kann.

Diese psychische Verfassung schlägt erwiesenermaßen auf die Leistungsfähigkeit der Geräte zurück – das macht keiner lange mit. Im Grunde ist man also auch in diesem Bereich auf gegenseitiges Vertrauen angewiesen. Wenn in einer fast so innigen Verbindung wie der zum Computer, also in einer Beziehung, die Frage »Liebst du mich?« allzu oft und hintereinander wiederholt wird, führt sie selten zu einer Erhöhung der gegenseitigen Zuneigung oder der subjektiven Geborgenheit. Eine zu häufig gestellte Frage erzeugt Verunsicherung, Ungemach, die Ahnung von einem drohenden Unheil. Warum fragt er mich das dauernd? Stimmt was nicht? Das hat doch sicher einen ganz anderen Grund. Aber welchen? In dieses Randgebiet fallen auch die Spekulationen über die sozusagen sozial angewandte Feldtheorie: Inwieweit hängt das Verständnis eines Einzelnen vom Verbreitungsgrad eines spezifischen Wissens in seiner Umgebung ab? Und gibt es in dieser Gleichung überhaupt eine Variable für Entfernung, oder ist *Umgebung* dabei galaktisch, kosmisch zu verstehen?

Ablass

Gelegentlich bricht auch im Tempelbereich die Realität der gestressten Arbeitswelt aus oder ein. Irgendjemand hat die Tür nicht geschlossen, oder eine der Empfangsdamen ist in der Mittagspause. Der Chef stürmte herein.

»Was muss ich da von Herrn Schäfer hören? Die Mails der letzten beiden Tage sind weg? Ist das Ihr Ernst?« Er klang, als hätte ich sie persönlich verschluckt.

»Wir sind dabei zu versuchen, sie zurückzuholen«, erwiderte ich. Der neben mir vor den Monitoren sitzende Administrator einer Softwarefirma, der in dieser Firma fünf Tage lang als Außendienstler beschäftigt war, starrte auf den Boden.

»Versuchen! Versuchen! Das geht nicht! Es muss, hören Sie, es muss klappen!«

»Wir tun unser Bestes.«

»Ich bitte darum!«

»Leider ist die Datenbank des Servers beschädigt. Deshalb kann ich Ihnen nicht versprechen, dass es sofort funktioniert.«

»Also geben Sie Gas. Bis um 15 Uhr brauche ich dringendst die Mails von gestern Abend. Da hängen riesige Aufträge für uns dran.«

Mein junger Kollege aus der Softwarefirma warf mir einen entsetzten Blick zu. Er befürchtete, für diesen Schaden verantwortlich zu sein, was ich mir rechnerisch nicht vorstellen konnte. Ich schickte ihn zu der noch immer abgängigen Empfangsdame. »Mach mal eine Pause in der Kantine. Ich kümmere mich um das Problem.«

»Danke«, stammelte er und verließ den Tempel in einem liturgisch nicht einwandfreien Tempo.

Ich telefonierte mit dem Microsoft-Support. Den gibt es eigentlich gar nicht. Aus verständlichen Gründen verfügt Microsoft über keine Rufnummer … außer dieser einen, geheiligten. Sie ist Priesterinnen und Priestern vorbehalten, wird nur Administratoren verraten. Wie in Kirchen üblich, kostet das auch was. 300 Euro beträgt der Ablass, und weitere 150 fallen für jede angefangene Stunde Support an.

Der Techniker bei Microsoft bestätigte meinen Lösungsansatz. »So würde ich es auch machen. Das wird schon klappen. Aber es dauert.«

»Um 15 Uhr schließt sich mein Zeitfenster.«

»So eine Aktion wie diese sollte man nie unter Zeitdruck starten.«

Ich unterdrückte ein schrilles Lachen. »Auf Ihrem Mond möchte ich auch gern mal arbeiten!«, hätte ich fast erwidert. »Sind da nicht noch ein paar Stellen frei?«

Klar war ich an Zeitdruck gewöhnt. Doch dieser hier erreichte einen Wert, mit dem ich die Computer zu Diaman-
ten hätte pressen können. Manchmal hat die Administratorin Glück. Die gesuchte Mail war unter den ersten, die ab
14:52:18 Uhr brav nach Hause trotteten.

STEIN-ZEIT

Mit Hilfe des Computers soll alles schneller gehen. Er ist als Zeitraffer konzipiert, damit wir mehr Muße für die schönen Dinge des Lebens haben. Wie so oft sieht die Umsetzung einer Vorstellung in die Realität anders aus als geplant. An so manchem Computer ist ein Wurmloch verloren gegangen. Stets folgt er seiner eigenen Zeitvorstellung. Es fehlt nur ein einziger Klick, aber erst nach dem Auffinden des entsprechenden Platzes, an dem das Häkchen gesetzt werden muss, im 23. Register des 13. Untermenüs. Für ihn ein kurzer Moment, für uns ein gesamter Nachmittag. Man kennt das alles aus Star Trek. In irgendeinem Paralleluniversum gibt es Computer, die wirklich funktionieren. Auf Spracheingabe, und sie passen sich unseren Gehirnströmen an.

In diesem Meer der Ansprüche ist es eine der größten Herausforderungen, den Überblick zu behalten, welche Tätigkeiten sofort und notwendig getan werden müssen, was automatisiert werden muss, und zwar gleich, und was am besten gar nicht. Um wirklich Zeit zu sparen, die man nicht hat und die einem am Ende dramatisch fehlt, wenn das Zeitfenster nur noch einen schmalen Spalt offen ist.

Es ist wie mit allen anderen Tätigkeiten auch. Mir gefällt der Vergleich mit dem Gefäß und den Steinen, den ich mal irgendwo gehört habe: Wäre der Tag das Gefäß und wären die Steine die Dinge, die man an einem Tag erledigen möchte, sollte man zuerst die großen Steine in das Gefäß legen, im übertragenen Sinne: all das machen, was einem wirklich wichtig ist oder was dringend abgehakt werden muss. Danach legt man die kleineren Steine in das Gefäß, und zum Schluss füllt man mit Sand auf. Wer zuerst den Sand rieseln lässt, wird feststellen, dass später kein Platz für die wirklich wichtigen Dinge ist. Zum Beispiel mit den Hunden spazieren gehen.

Nicht nur in der Geschwindigkeit sollen Computer uns unterstützen, sondern gerade auch in der Kommunikation. Häufig ist das Gegenteil der Fall. Ihr Einsatz verwirrt die Kommunikation, und das liegt nicht an ihnen, sondern an den Menschen. Hin und wieder führt mich meine Fehlersuche zu einem Kommunikationsproblem nicht etwa zwischen Mensch und Maschine, sondern innerhalb der eigenen Spezies. Diese Missverständnisse können verheerende Folgen haben, wesentlich schlimmer als die üblichen Versteckspiele, an die man mittlerweile gewöhnt ist: Der Computer findet den Drucker nicht. Er findet den Server nicht. Er findet das Internet nicht. *Diese Seite kann nicht angezeigt werden.* Zumindest der Drucker ist da. Steht groß und grau neben dem Bildschirm.

Langes Face(book)

Sogar wenn Laien zu Fachleuten gehen, sind sie nicht gefeit davor, einem Fehler 50 zu begegnen, wie einer der häufigsten Fehler im Hotlinejargon genannt wird. Gemeint ist der Anwender selbst, und auch Profis werden gelegentlich zu solchen Nummern. Ein Verlag, für den meine Freundin Hanni, sie ist Journalistin, häufig tätig war, riet ihr dringend zu Facebook-Präsenz. Hanni lebt noch immer in der Steinzeit, also ohne DSL, weshalb sie kein Interesse daran hatte, doch sie wollte ihren Kunden nicht brüskieren und verstand den Wink mit dem iZaun sehr wohl. Deshalb beauftragte sie eine alte Bekannte, die mittlerweile »irgendwas mit Medien« machte. Dies führte dazu, dass ich die psychologische Betreuung von Hanni übernehmen musste. Ich machte mir große Sorgen um sie, es kam so weit, dass nicht nur das Wort *Facebook* bei ihr zu Stressreaktionen führte, bald war es *Face* allein, auch *Book* erfreute sie kaum, der Super-GAU in ihrem Beruf. Bei der Gestaltung ihrer Facebookseite ging alles schief, was schiefgehen konnte, und einiges mehr. Ihre Medienfrau stellte zwei Profile ins Netz, von denen sie annahm, dass sie Hanni gut repräsentierten.

»Sie kennt mich so lang. Und dann macht sie so was!«, beschwerte sich Hanni bei mir, die nun mit Konkurrenzverlagen verlinkt war, 150 Freunde hatte, die sie alle nicht kannte … »Und das mir! Wo ich einen strengen Freundschaftskodex hochhalte.«

»Aber das darfst du doch nicht persönlich nehmen!«, bat ich sie.

»Freundschaft ist persönlich.«

»Nicht bei Facebook!«

»Diese ganzen fremden Leute, mit denen ich nichts zu tun haben will, soll ich nun pflegen? Ich kriege Millionen von Mails. Ich erfahre, dass Peter aus Osnabrück es gefällt, dass es Sonja aus Freising gefällt, dass die Uhren bald umgestellt werden. Muss ich das wissen? Wann bitte soll ich arbeiten?«

»Keiner von den erfolgreichen Leuten hat ständig Zeit für Facebook. Sie bezahlen andere, die das für sie übernehmen.«

»Eben!«, rief Hanni. »Genau das wollte ich!«

Ich bat Hanni inständig, sich direkt an ihre Mediengestalterin zu wenden.

»Die versteht mich nicht! Ich erkläre es ihr zehnmal, und sie nickt und macht genauso weiter wie vorher.«

Das wiederum verstand ich, denn ich habe es oft genug erlebt.

Die Leute am Computer denken anders, als ihre Auftraggeber vermuten. In Bit und Byte und Fenstern und Machbarkeit. Ihre Gedanken folgen einem Rahmen von Gesetzmäßigkeiten, die der Auftraggeber nicht kennen kann und daher auch nicht versteht. Das beschäftigt ihren Arbeitsspeicher dermaßen, dass sie keinen Platz mehr haben, um herauszufinden, was ihr Kunde will und braucht. Einen Psychotest für Burnout-Gefährdete wollte Hanni jedenfalls nicht auf ihrem Profil haben.

»So was Plumpes würde ich niemals schreiben!«, entrüstete sie sich.

»Sag das bitte deiner Medienfachfrau. Sie sollte dringend an den Umgang mit Menschen aus Fleisch und Blut gewöhnt werden.«

»Das hab ich versucht! Sie hat mir gesagt: ›Burnout ist jetzt total in, so kriegst du viele Klicks.‹ Ich brauche keine Klicks! Verstehst du, ich glaube nämlich, dass die alle durchgeklickt sind, je mehr die klicken, desto komischer werden die …«, Hannis Stimme erreichte eine Höhe, die in meinen Ohren schmerzte. Ich rechnete mit dem Schlimmsten. Wie klang ein Burnout? Hatte den die Mediengestalterin womöglich heraufbeschworen? Selbsterfüllende Prophezeiung? Von der Profilseite in die Profilneurose?

»Du solltest dir eine andere Medienfachfrau suchen«, riet ich Hanni.

»Das geht nicht. Sie hält mein Passwort vor mir geheim.«

»Aber sie ist doch deine Freundin!«

»Gewesen!«, sagte Hanni. Um ihren Mund entdeckte ich einen neuen bitteren Zug. Sie wäre nicht die Erste, die sich im Netz verfangen hätte und in der Folge rasch gealtert wäre. Manche Prozessoren beschleunigen den Alterungsprozess. Ja, Computer sparen Zeit. Doch … woher kommt diese Zeit? Wem wird sie abgezogen, außer dem Wartungspersonal?

Ich kenne keine andere Tätigkeit, die mehr Zeit frisst, als das Tüfteln am Computer. Und es gibt wenig, was einem die Laune mehr versauen kann, als wenn Er nicht das macht, was er soll. Das Verschwinden in Zeitlöchern gehört zum Beruf.

»Liebling, kommst du?«

»Gleich.«

»Aber das sagst du seit Stunden.«

»Ja, gleich.«

Irgendwann gibt es niemanden mehr, der einen Liebling ruft. Irgendwann gibt es überhaupt niemanden mehr. Nur noch die Rechner. Womöglich wird das nicht mal bemerkt. Denn es sind ja noch immer eine Menge Leute da. Supermaus und Ilonasechs und Patrick the Hattrick und Allesgönner und Charly und Dolly. Sehr angenehme Zeitgenossen. Ein Klick, und sie sind weg. Überhaupt … man muss ja nicht ständig Leute treffen. Also echte Leute. So ein-, zweimal im Jahr genügt völlig. Der Rest lässt sich wunderbar online erledigen. Online tobt das Leben. Dabei sein ist alles. Off ist over.

Stilles Y

Freitagabend, es regnete in Strömen, schlugen die Hunde an. Dann klingelte es. Ich wunderte mich, wer mich um diese Uhrzeit unangemeldet besuchen wollte. Eine entfernte Bekannte stand vor der Tür. Zu spät, um ein Ei zu leihen, schoss es mir durch den Kopf. Eher eine Flasche Wein? Ein Blick in ihr Gesicht zeigte mir, dass sie die bereits intus hatte. Oder anderes.

»Hast du kurz Zeit?«, fragte sie mich.

»Natürlich«, sagte ich. Eigentlich hatte ich etwas anderes vor, doch diese Umstände ließen mich sofort Zeit haben. Sie lachte laut auf. Ich verstand immer weniger. Noch ein Grund mehr, sie hereinzubitten. Ich nahm ihr die nasse Jacke ab und kochte Tee, während sie am Tisch sitzend vor sich hin starrte. Ich erkannte, dass es ihr peinlich war, zu mir gekommen zu sein. Als ich den Tee auf den Tisch stellte, brach es aus ihr heraus. »Es ist wegen Friedrich.«

Hatten sie sich getrennt? War er tödlich verunglückt? Was in der Konsequenz womöglich das Gleiche bedeuten würde? Hatte er eine Freundin oder sie einen Freund, oder hatte er einen Freund und sie die Freundin?

»Ich hasse ihn!«, zischte Bea.

Wieder einmal wunderte ich mich, wie meine Intuition das Richtige herausgefunden hatte, und beugte mich vor.

»Dieser Scheißcomputer!«, rief Bea. Und dann war der Damm gebrochen, und sie schüttete ihr Herz aus.

Friedrich, der beruflich ohnehin mit Computern zu tun hatte, also »den ganzen Tag vor dem Kasten hockte«, kam abends nach Hause, schlang das Essen in sich hinein, wechselte gerade mal ein paar Sätze mit Bea, dann zog er sich zurück in sein Arbeitszimmer. Früher Beas Bügelzimmer. Den Abend konnte sie alleine verbringen, denn Friedrich kam nicht mehr raus aus seinem Zimmer. Und sie wollte nicht rein, auch wenn er sie einlud.

»Ich hasse dieses Zimmer, den Geruch dort, all die Computerzeitschriften und die Monitore. Ich hasse sie alle. Eines Tages werde ich ihnen mit Steinen die Augen auswerfen.«

Erschrocken fiel mein Blick auf mein MacBook Air, das aufgeklappt auf dem Tisch stand.

Bea folgte meinem Blick. »Genau deshalb bin ich da. Ich will, dass du mir erklärst, was da los ist. Du bist eine Frau. Du musst das doch wissen, was einen überkommt, wenn er nicht mehr davon ablassen kann. Ich will wissen, ob er mich noch liebt, ob er mich sieht oder ob er süchtig ist. Ich will wissen, was ich tun kann. Soll ich ihn verlassen?«

Das war eine drastische Beichte für jemanden, den ich kaum kannte.

»Ich weiß nicht, ob ich dir das erklären kann.« Ich zögerte. »Jeder Mensch ist anders.«

Bea ignorierte meine Bedenken. »Du bist auch so eine. Du bist ebenfalls ständig mit Computern beschäftigt.«

»Beruflich«, sagte ich.

»Und privat?«, fragte sie.

Ich schaute auf das MacBook Pro, das neben dem Air stand, und auf die zwei Tastaturen, ich sah den Bildschirm, den Reader und die Handys und diverse Kleinteile. Alles auf meinem privaten Tisch im Wohnzimmer. An mein Arbeitszimmer wollte ich lieber nicht denken. Sehr viele Augen. Ich seufzte. »Okay. Ich will es versuchen.«

Als Erstes fiel mir eine Dokumentation auf 3sat ein, die ich kürzlich gesehen hatte. Es hieß dort, Männern fehle die Notwendigkeit zu kommunizieren. Dies liege am Y. Das war natürlich kein Trost für Bea.

»Es ist so«, begann ich. »Computer fordern dich damit heraus, dass du immer denkst, du wärst kurz vor dem Ziel. Am Ziel ist aber nur dir gelegen. Dem Computer ist das völlig egal. Der will nichts von dir. Du willst was von ihm. Der beschwert sich auch nicht, wenn du ihn eine Woche nicht anguckst. Du kannst einfach da weitermachen, wo du stehengeblieben bist, innerlich. Neben dem, was du eigentlich tun wolltest, bietet er dir 10 000 Sachen an, die dich schon immer mal interessiert haben oder von deren Existenz du bislang noch gar nichts wusstest. Auf dem Weg zu diesen tollen Dingen musst du eine Menge Herausforderungen meistern, denn wie gesagt: Es ist nicht so einfach, ans Ziel zu kommen. Die Hälfte funktioniert vielleicht, mit der anderen Hälfte kämpfst du Wochen und Monate und bist noch immer nicht da, wo du eigentlich hin wolltest. Aber das nehmen dir Computer nicht übel. Ihre Geduld ist unerschöpflich.«

»Du willst also sagen, dass er den Computer toll findet, weil er nichts von ihm verlangt?«

»Gleichzeitig bietet er vielfältigste Möglichkeiten an.«

»Aber das ist doch widerlich! Das ist Gummipuppensex.«

Ich schluckte. »Ich dachte eher an einen Zen-Mönch. Der will auch nichts von dir und ist stets präsent, wenn du Fragen hast.«

»Einen Mönch habe ich nicht geheiratet.«

»Wer will das schon.«

»Wahrscheinlich hat er eine Midlife-Crisis«, sagte Bea zu sich selbst.

»So klingt es. Denn ein schönes Leben sieht anders aus. Dein Friedrich ist doch nur noch mit Computern zusammen. Weißt du, Bea, hinter Computern kann man sich prima verstecken. Man macht immer einen beschäftigten Eindruck. Man gaukelt sich vor, etwas Wichtiges oder Sinnvolles zu tun.«

»Und ich?«, fragte Bea. Ihre Stimme klang belegt.

»Was habt ihr denn früher so zusammen gemacht? Woran hat Friedrich Freude? Was macht ihm wirklich Spaß?«

»Computern«, sagte sie bitter.

In meinen Ohren hörte sich das alles nach Co-Abhängigkeit an.

»Gibt es vielleicht etwas, was euch beide am Computer interessiert?«, versuchte ich einen anderen Lösungsansatz. »Lass dir doch etwas von ihm zeigen. Verwaltet eure Fotos gemeinsam oder zieht euch Filme rein. Schließt euch einer Interessengruppe im Netz an oder …«

Bea explodierte. Die Hunde sprangen erschrocken auf. An solch eine Lautstärke waren sie in diesem Haus nicht gewöhnt. »Ich soll mir etwas von ihm zeigen lassen? Ha! Sobald ich ihn darum bitte, mir etwas zu erklären, stehe ich nach fünf Minuten innerlich vor dem Scheidungsrichter. Ich frage, er antwortet nicht. Stattdessen hackt er in einer Affengeschwindigkeit auf die Tasten ein und klickt wie ein Verfolgter auf der Maus herum. Wenn mir das zu schnell ist, wenn ich nachfrage, dann reagiert er total genervt. ›Das hab ich dir doch eben alles gezeigt‹, sagt er. ›Pass doch besser auf‹, sagt er. Aber wie denn, wenn er nur herumhektisiert.«

Mitfühlend nickte ich. Meiner Meinung nach hat dieses Problem in vielen Ehen die Krisen beim Autofahren abgelöst. Es gibt nicht nur Probleme mit Beifahrern, sondern auch mit Beisitzern.

»Ich lass mir das nicht bieten, als Idiotin behandelt zu werden von einem Vollidioten, der nichts erklären kann«, ereiferte Bea sich.

»Wie gehst du damit um?«, fragte ich.

»Ich verlasse das Zimmer.«

»Und er?«

»Bleibt hocken.«

»Mal angenommen, es handelt sich bei ihm um eine Art Flucht«, versuchte ich noch einmal, zu Bea durchzudringen. »Hast du eine Ahnung, wovor?«

Lang schaute sie mich an. Ich konnte nicht erkennen, was in ihr vorging. Dann stand sie auf, zog ihre Jacke an und verschwand grußlos im Regen.

Als ich sie am nächsten Tag anrief und mich nach ihrem Befinden erkundigte, klang sie erstaunt und etwas künstlich. War da was? Jedenfalls nichts mit Konsequenzen außer derjenigen, dass ich, die unfreiwillige Zeugin der Misere, die zu viel gesehen hatte, wohl eine Weile gemieden werden würde. Bea hatte mich im übertragenen Sinne auf eines jener Festplattenareale gezogen, auf die temporär nicht zugegriffen werden kann. Ich bestätigte mit Okay.

Cavok – Roger

Bei Computern ist die Kommunikation klar definiert. Input, Output. Computer reagieren in aller Regel erwartungsgemäß, früher oder später. Man kann ihnen 1000-mal die gleiche Frage stellen, sie werden stets eine identische Antwort geben. Der gesamte Ablauf der Kommunikation folgt strengen Regeln. Darin unterscheiden sie sich von Menschen. Das kann tödlich enden. Zum Beispiel im Flugverkehr. Hier ist das gegenseitige Verständnis von Lotsen und Piloten eine Frage von Leben und Tod. Jede sichere Landung, jeder gelungene Start hängt davon ab, ob beide Seiten einander wirklich verstanden haben. Daher gibt es Ausbildungen, in denen über Monate ein immer gleicher, völlig eindeutiger Ablauf der Dialoge erlernt wird. Wo nachgehakt werden muss, wenn auf eine Frage zur Position keine Antwort erfolgt. Wo auf einer eindeutigen Aussage bestanden werden muss. Die Fragerei hört erst auf, wenn sich beide Seiten klar verständigt haben. Im Sprechfunkverkehr werden festgelegte Begriffe, Wortfolgen und Redewendungen verwendet, um in der gebotenen Kürze Nachrichten mit eindeutigem Inhalt übermitteln zu können. Im Unterschied zu meiner Branche verfügt man dort über ein erlernbares Regelwerk für den Austausch über die aktuelle Sachlage. So etwas würde auch im Alltag nicht schaden. Ein abgesicherter Modus für Notfälle.

Eine Zeitlang hörte ich bei nächtlichen Einsätzen den Flug-Funkverkehr mit, in der Hoffnung, dass dieses Training in exakter Kommunikation auf mein Unterbewusstes abfärben möge. Ich empfand die Ansagen als beruhigend und klar. Und auch, dass irgendwo da draußen andere damit beschäftigt waren, für sichere Starts und Landungen zu sorgen. Zu meiner Freude stellte ein kleiner Flughafen in Arizona die Gespräche des Towers online. Windrichtung, Bewölkung, Cavok – clear aviation, visibility okay – völlig blauer Himmel, typisch für die Gegend.

PILOTIN: »Delta Echo Kilo Charlie – ready for departure?«
TOWER: »Delta Echo Kilo Charlie – roger, contact tower on 118,7.«
PILOTIN: »Delta Echo Kilo Charlie will contact tower on 118,7.«

Diese Dialoge versetzten mich in Urlaubsstimmung, und fast konnte ich die Berge sehen, die östlich der Startbahn steil aufragen …

OHNE SCHLEPPTOP
IN SCHLAPPLAND

Offline ist etwas Wunderbares. Ich hatte in den letzten Jahren schon mal zehn Tage davon am Stück: »Ohne Schlepptop nach Schlappland?«, feixte Danny. »Da bin ich ja mal gespannt, wie es dir ergeht. Aber das Handy nimmst du mit? Finnland – Nokia! Das müsste funktionieren.«

Tat es nicht.

Schon beim Verlassen der Maschine, auf den schmalen Stufen der kleinen Gangway, bemerkte ich die absolute Stille, in der wir da gelandet waren. Das hier ging über die Abwesenheit von Geräuschen hinaus – es mussten noch einige andere Dinge abwesend sein, von denen ich bis dahin gar nicht gewusst hatte, dass sie da waren. In jede Richtung war nur Wald zu sehen, der sich nach Osten hin bis weit nach Russland hinein erstreckte. Von da kam höchstens das Rauschen der Bäume oder das von einem Schwarm Zugvögel. So ungewohnt diese Stille war – so angenehm war sie. Es breitete sich tiefe Entspannung in mir aus. Ich schaltete das Handy ein: Nichts. Kein Netz weit und breit. Da sah ich bereits meine beiden Freundinnen, die versprochen hatten, mich in dieser Einöde abzuholen. Ein Grinsen breitete sich auf Utes Gesicht aus. »Kein Empfang, wie? Brauchst dich nicht weiter zu bemühen. Ist hier überall so. Da hilft nur eines: Abschalten.«

Wir fuhren mit einem Campingbus los, über holprige, vom gerade erst geschmolzenen Eis aufgebrochene Straßen zu den nahe gelegenen Hüttchen, die wir gemietet hatten. Dort gab es nur den großen See, endlose Wälder, Flussläufe und Sauna.

»Pass gut auf dich auf«, warnte Ute mich, die meine Neigung zu ausgedehnten Wanderungen kannte. »Das hier ist kein Park, in dem du schnell zurück auf einen Weg findest. Hier kann man leicht verloren gehen.«

»Ich doch nicht«, behauptete ich.

An der Rezeption wartete ich ab, bis die beiden Italiener vor mir ihre Komplimente für die attraktive und fließend Italienisch sprechende Dame am Empfang vorgebracht und im Anschluss eine wirklich wichtige Frage gestellt hatten, wie ich an ihrem Tonfall hörte. Wo hier die nächste Pizzeria sei. Ohne mit der Wimper zu zucken, erklärte die Empfangsdame: »300 Kilometer nördlich. Von hier: Die erste Straße links, dann immer geradeaus.«

Diese Entfernung schien ihrem Tonfall nach quasi um die Ecke zu bedeuten.

Dann war ich dran. »Hallo, ich bin Riita Liisa. Willkommen in Ukonjärvi. Essen Sie auch Fleisch?«

Fast hätte ich erwidert: »Wie sehe ich denn aus? Und woher wissen Sie, dass ich Deutsch spreche?« Aber bevor ich etwas antworten konnte, drückte sie mir zwei Formulare in die Hand und wendete sich den Neuankömmlingen hinter mir zu, die sie passend auf Französisch begrüßte. Als ich die Formulare zurückbrachte, fragte ich Riita: »Wie viele Sprachen sprechen Sie eigentlich?«

Sie schaute vom einzigen Computer hinter der Theke auf. »Deutsch schlecht, Französisch gut, Italienisch mäßig, Spanisch kaum, Ungarisch. Russisch nur zuhören, sonst keine Reaktion.«

Das war mal eine präzise Antwort, die mich zu weiteren Fragen ermutigte: »Und Ihr Name, schreibt man den wirklich mit vier i?«

Sie lächelte spöttisch. »In Finnland: An Buchstaben kein Mangel.«

Ihr Telegrammstil gefiel mir. Ich deutete auf den Computer: »Gibt es hier – Internet?«

Ihr Lächeln wurde noch spöttischer. »Hier? Bestimmt. Nächstes Jahrtausend, spätestens.«

Irgendwie war ich erleichtert. Ich würde mich nicht fragen müssen, ob ich den Computer doch besser mitgenommen hätte. Niemand würde mich hier anrufen können.

»Alles okay bei dir?«, erkundigte Ute sich mitfühlend, als ich ihr davon erzählte. »Oder müssen wir jetzt mit einer Identitätskrise rechnen?«

Ich lachte. »Nein! Ich werde vermutlich gar nicht mehr hier wegwollen.« Das stimmte.

Es gab eine Woche nichts zu programmieren, außer der Steuerung der Sauna. In mein Zimmer, das nach Norden ging, schien ab 22 Uhr die Sonne. Und wenn man nach 23 Uhr spazieren ging, traf man oft Fischer an den Klippen. Das machten die hier also, statt im Internet zu surfen. Wir

lernten zwei waschechte Samen kennen, die uns ihre Ren-
tiere vorstellten. Sobald die Samen mit einem Stock auf einen bestimmten hohlen Baum schlugen, kamen die Tiere
angerannt, aus dem Nichts heraus – die hiesige Art der Tele-
kommunikation, sehr effizient. Endlose Spaziergänge ohne
Eile, weil man nicht vor dem Einbruch einer Nacht zurück
sein wollte. Denn die ließ auf sich warten. Es wurde einfach
nicht dunkel. Abends hörten wir Riita Liisas Geschichten
zu, die vom Eis auf dem See handelten, auf dem im Winter
die Lastwagen Rennen veranstalteten. Und die Schlitten-
hunde. Und wie in manchen Wintern ein paar der Teams
verschwanden und nie mehr auftauchten. Die Zeit verging
wie im Flug, und eh ich mich versah, waren die zehn geseg-
neten Tage vergangen. Auf dem Weg zum Flugplatz waren
wir viel zu spät dran, und ich spürte auf einmal eine leise
Hoffnung, den Flug zu verpassen. Da wurde es mir klar:
Ich war ausgewildert.

Eine Bäuerin hat mir einmal erzählt, dass man Kühe auf der
Weide nicht länger als fünf Tage sich selbst überlassen dür-
fe. Danach wären sie wieder wild, man müsste ihnen alles
neu beibringen, sie mühsam wieder zähmen. Bei mir hatte
es doppelt so lange gedauert, aber der Effekt war der gleiche: Vermutlich musste ich neu eingelernt werden. Ich
konnte mir nicht vorstellen, so viel Zeit wie vorher mit
Computern zu verbringen. Zurück in Deutschland, ereilte
mich ein Kulturschock. Weder Internet noch Telefone hatte
ich vermisst, auch nicht die Autobahnen, die armlangen
Aufgabenlisten und die ganzen Erledigungen. Mir fehlten
die stillen Wälder, die Felsen, die Steine. Ich fühlte mich
jämmerlich.

»Hier gibt es ja überhaupt keine Steine!«, sagte ich zu meiner besseren Hälfte, die aus Arbeitsgründen nicht mitgekommen war.

Jetzt kam sie auch nicht mit, sondern starrte mich nur verständnislos an. Dann dämmerte es: »Langsam verstehe ich, warum du nicht in den Urlaub willst. Es fällt dir zu schwer, wieder hier anzukommen, ist es das?«

Ich überlegte. »Ja, ich glaube, du hast recht. Das ist es.«

Es war aber noch etwas anderes: Ich wollte nicht von dort weg, wo ich gerade war. Mein persönlicher Trägheitssatz, einem Naturgesetz gleich, das man nur erkennen und beschreiben, aber nicht verändern kann. Meine Schwester nannte das »du pilzt schon wieder«, wenn ich ihr von Reiseplänen erzählte und von meiner Abneigung, das Haus auf dem Land, in dem ich seit Jahren lebte, zu verlassen. Und die Tiere zu verräumen. Diese Blicke, wenn man sie zurücklässt – das will doch kein Mensch erleben. Bei aller Ortsunabhängigkeit, die mobile Datendienste ermöglichen – wo gehen wir dann innerlich vor Anker? An den Handy-Ladestationen vor den Bahnhöfen? Im nächsten offenen WLAN in irgendeinem Café?

»Da schau her, scho fast wieder zahm«, hätte die Bäuerin vielleicht bemerkt.

DIE MUTTER DER PASSWORTKISTE

Passwörter sind sensibel. Ihre Besitzer auch. Als Harry das erste Mal im Internet bei einer Bankingaktion nach seinem Passwort gefragt wurde, rief er empört: »Ich geb doch denen nicht mein Passwort!«

»Aber Harry«, beschwichtigte ich ihn. Ich sollte ihm zeigen, wie Online-Banking funktionierte. »Am Geldautomaten musst du es doch auch angeben.«

»Nein! Da tippe ich Ziffern ein.«

»Ja, sicher, Harry. Aber weißt du, Ziffern sind Passwörter.«

»Nein. Ein Passwort hat Buchstaben. Sonst wär es ja kein Passwort, sondern eine Passzahl.«

»Das stimmt. Aber überleg mal: Wie sollen die bei der Bank dich denn sonst identifizieren?«

»Indem sie mir ins Gesicht schauen.«

»Sicher, aber du wolltest doch Online-Banking machen, und da dient das Passwort, äh, die Passziffer als dein Gesicht.«

»Ich mach es trotzdem nicht. Ist mir zu riskant.«

Ich atmete einmal tief durch. Im Grunde hatte er recht. »Vorsicht ist die Mutter der Passwortkiste, Harry. Du steigst ja auch nicht zu Fremden ins Auto.«

»Nie!«, bestätigte Harry. Dann grinste er. »Außer sie verraten mir ihre PIN.«

Mit Susa, keine Fremde, war ich im Auto unterwegs. Seit einer Stunde versuchten wir drei Sätze zu wechseln, doch ständig klingelte mein Telefon.

Susa grinste. Wie alle meine Freundinnen und Freunde weiß sie, dass ich immer erreichbar sein muss und unser Austausch manchmal durch stundenlange Pausen unterbrochen sein kann.

»Kammerer.«

Frau Weber brauchte sich nicht mit Namen zu melden. Ich erkannte sie an ihrer atemlosen Stimme, die signalisierte, dass es ernst war. Sehr ernst.

»Mein Mailprogramm will keine Mails mehr abholen. Da klappt nichts mehr.«

»Wie lautet die Fehlermeldung?«

»Unknown User.«

Ich blinkte links und überholte einen Lkw. »Haben Sie in letzter Zeit das Passwort geändert?«

»Nicht, dass ich wüsste.« Ich wechselte zurück auf die rechte Spur. Jetzt wurde es wirklich ernst. Dann fiel mir ein, dass sich Frau Weber irrte. »Wir haben das Passwort doch gemeinsam zurückgesetzt.«

»Ja schon. Aber auf dem Notebook.«

»Diese Änderung gilt für Ihren gesamten Account. An welchem Rechner sind Sie gerade?«

»Zu Hause.«

Ich machte erst mal kein Drama draus. Das war erfahrungsgemäß der erfolgversprechendste Ansatz. »Und wie lautet das neue Passwort?«

Schweigen.

»Ich weiß es nicht!«, brüllte Frau Weber schließlich verzweifelt.

Ich sparte mir den Hinweis, dass es das Leben selten erleichtert, wenn man ständig das Passwort wechselt, doch Frau Weber glaubte, das sei notwendig. Ein einziges Mal hatte sie in der *Computer Bild* geblättert und dummerweise genau dazu einen Artikel auswendig gelernt.

»Können Sie sich noch an das alte Passwort erinnern?«, fragte ich in der Hoffnung, dies würde eine Schleife in Gang setzen, mit der wir irgendwann zu dem neuen Passwort gelangten.

»Welches alte?«, fragte Frau Weber. »Und das von meinem Laptop oder das vom anderen?«

»Das ist egal, also wenn wir von Ihrem Mail Account sprechen.«

Schweigen.

»Schnäusel«, hörte ich mich da plötzlich sagen.

»Ja?«

»Schnäusel?«, wiederholte ich lauter. Konnte das sein? Ein Volltreffer beim ersten Versuch?

»So nennt mich mein Mann«, sagte Frau Weber.

Die Landung war hart. »Ach so.« Innerlich bedankte ich mich trotzdem bei meinem Unterbewusstsein, das so fleißig und unverzagt mitarbeitete. Passworte mit Umlaut waren eh meist eine Fallgrube.

»Aber so ähnlich, glaub ich«, Frau Weber zögerte. Ja, so ähnlich, das glaubte ich auch. Auf meiner inneren Festplatte ploppten Dutzende von Schnäusel-Abarten auf. Ich klickte sie wahllos an.

»Bobbel?«

»Nein.«

»Klöppel?«

»Nein.«

»Moppel?«

»Niemals!«

Susas Gesicht war mittlerweile rot angelaufen im Versuch, ihr Lachen zu unterdrücken. Da schrie Frau Weber: »Jetzt weiß ich es!«

Und in dem Moment fiel es mir auch ein. »Hoppel!«

»Hoppel!«

»Ja!«

Im Schatten meines Lachens erleichterte auch Susa sich. Später fragte sie: »Haben die Leute eigentlich immer so bescheuerte Passwörter?«

»Denk an dein eigenes«, erinnerte ich sie.

Unknown User

Von Arschloch über Desaster und Hasenfurz zu Mausilein, Passwort, Sisyphos und schließlich Zappa. Es gibt nichts, was es nicht gibt. Da es mittlerweile zur Allgemeinbildung gehört, dass einfache Passwörter unsicher sind – mit Hilfe eines Wortfindungsprogramms können sie leicht geknackt werden –, haben sich viele Anwender oft schweren Herzens dazu entschlossen, eine Ziffer anzufügen. Hierbei hält die Dreizehn einen Spitzenplatz. Es wäre interessant, dieses Phänomen einmal zu erforschen, denn die Dreizehn gilt landläufig als Unglückszahl. Wie soll das gedeutet werden? Und welche Rückschlüsse auf die Beziehung zwischen Computer und Mensch legt dies nahe?

Ein Passwort wie $*5\text{-}DeR\#+qWaSi=$ = wäre derzeit einigermaßen sicher. Doch wie merkt man sich das? Wenn man es nicht mal aussprechen kann, wenn es sich anhört, als wäre gerade der Staubsauger über Katzenstreu gefahren. Dafür gibt es Datenbanken. Oder Portemonnaies. Oder, am beliebtesten: Zettel am Bildschirm.

Laut Support-Centern werden 90 Prozent aller Anrufe durch vergessene Passwörter ausgelöst. Bleibt die Frage offen: Wer hat den Zettel geklaut?

»Als ich meine zwei neuen Katzen hatte«, erzählte Susa mir, »und meiner Nichte erzählte, wie sie heißen, meinte sie: »Ach, zwei neue Passwörter.«

Manche Passwörter werden nicht unabsichtlich oder mutwillig vergessen, sondern es wird offen angekündigt: »Das Passwort kriegst du nie!« Und wieder verabschiedet sich ein Administrator auf die Südseeinsel. Ob die da einen Safe haben mit all ihren Passwörtern und ob sie mit denen ihr Dasein finanzieren? Es muss eine Insel sein, auf der es keinen Mobilfunkempfang gibt. Sonst wären sie alle längst aufgeflogen.

Heutzutage kann man den Aufenthaltsort eines eingeschalteten Handys über das Internet orten lassen. Man braucht dazu nur die Nummer einzugeben, einen Betrag zu bezahlen, dann wird einem angezeigt, wo das Handy sich befindet. Das kann gravierende Folgen für die Plots von Krimis haben. Früher verbluteten manche Leute, weil es keine Telefonzelle in der Nähe gab. Verabredungen kamen nicht zustande, Killer konnten fliehen, ohne für Facebook fotografiert zu werden. Das ist heute alles gar nicht mehr denkbar. Glücklicherweise gibt es Akkus, und die können mal leer sein in dramatischen Momenten. Und das muss so bleiben! Man muss auch mal weg sein dürfen!

Völkerverständigung

Ägypten aufs Neue. Tauchen ist ein Traum. Dieses Mal mit Kultur: Landausflug. Wir standen im Sand vor einer langen Reihe von Sphinxen mit Löwenköpfen, einer ganzen Allee. Sie bewachen den Weg zu den Tempeln von Luxor mit ihren riesigen Säulenhallen. Von den Sphinxen musste ich unbedingt ein Bild an meine bessere Hälfte schicken, die leider nicht mit abgetaucht war. Ich fotografierte mit dem Handy. Sah super aus, auch auf dem winzigen Bildschirm, und ruck, zuck schoss diese Impression als teure MMS in den Äther – dachte ich. Das Handy dachte anders. Vielleicht durch den Spagat zwischen Kunstwerken vor unserer Zeitrechnung hin zum Versand von Bildinformationen mittels elektromagnetischer Wellen in Lichtgeschwindigkeit, vielleicht durch die Trockenheit, die Hitze, den Sand – was auch immer: Das Display erlosch.

Das war schlecht. Anders als in Schlappland wähnten mich meine Kunden hier erreichbar. Ich untersuchte das Gerät gründlich. Der Akku war fest eingebaut, Fehlanzeige. Da entdeckte ich hinten am Gehäuse einen winzigen

Schlitz mit der noch kleineren Aufschrift *reset*. Die Rettung! Nein. Keiner der Gegenstände, die ich bei mir hatte, war so schmal, dass er gepasst hätte. Ich blickte mich hilfesuchend um. Eine mittelalte, gepflegte Touristin bewunderte versunken die Sphinx. Sie sah aus wie eine Dame von Stil und Geschmack. Und das war sie auch: Ihre Ohrringe waren keine Clips, sondern mit einem Stift im Ohr befestigt. Lang lebe die alte Schule!

Mühsam kratzte ich einige Brocken Französisch zusammen und scheiterte. Fragend, aber nicht ablehnend musterte mich die Dame. Ich zeigte auf mein Handy: »Reset!«

Die Dame verstand mich nicht. Also Frontalangriff. Ich deutete auf das linke Ohr der Dame. Zu meiner Verblüffung begriff sie nun sofort. »Mais oui, reset! Naturellement!« Sie nestelte und zerrte mit zehn Fingern an ihrem linken Ohr. Schwups, da war der Ohrring draußen. Sie stieß einen spitzen Laut aus, trennte den Schmuck vom Objekt meiner Begierde und reichte mir den schmalen Stift. In diesem Moment schoss ein Mann auf uns zu. Ihr Gatte, wie ich mir schnell zusammenreimte. Laut rufend gestikulierte er wild. Der glaubt, das ist ein Überfall, erkannte ich. Es sind schon Leute aufgrund noch blöderer Missverständnisse gestorben. Doch der Gatte zückte keine Waffe.

»Reset! Reset!«, rief ich, als würde das irgendetwas erklären, und die Gattin wies mit spitzen Fingern, zwischen denen der Stift klemmte, auf mein Handy. Die Angriffslust fiel aus dem Gesicht des Mannes. Die Schlitze seiner Augen öffneten sich, seine zusammengepressten Lippen wurden weich. Ich setzte an, den Fall zu erklären. Doch zu meiner Verblüffung wiederholte er nur: »Aha, Reset.«

Die Dame überreichte mir den Stift. Er passte ideal. Zu dritt starrten wir gebannt auf das Handy. Nach einer Weile begann es, seine kleinen Lieder zu singen, wie es das gerne beim Ein- und Ausschalten macht. Wir stimmten ein. Zweisprachig.

ALLER GUTEN TASTEN SIND DREI

Die Möglichkeit der Fernwartung ist ein Segen für mich, so spare ich mir viel Zeit, die ich sonst mit langen Wegen und im Stau verbringen müsste. Doch manchmal dauert eine Fernwartung länger als nötig. Zu meiner Bestürzung bin ich immer wieder mit Menschen konfrontiert, die – seit Jahren am Computer tätig – keine Ahnung haben, wie sie eine Maus korrekt bedienen. Das ist ungefähr so, wie manche Leute die Schule mit Abschluss als Analphabeten verlassen. Irgendwie kommt man schon durch. Stimmt. Aber es gibt Situationen, in denen fliegt man auf. Eine Fernwartung ist ein solcher Fall. Da tun sich Lücken auf. *Wie, drei Tasten? Mit der Maus soll ich fast alle Funktionen des Computers bedienen können?*

In IT und Technik wurden in den letzten zehn Jahren von Firmen Unsummen investiert. Dabei verlieren sie schneller an Wert als alles andere. Bei Autos heißt es: Der rostet dir im Prospekt schon zusammen. Bei Computern gilt: Bis du den nach Hause getragen hast, ist er nur noch die Hälfte wert. Für die Menschen, die diese Investitionen am Bildschirm bedienen sollen, wird nur ein Bruchteil ausgegeben. So sitzen sie dann vor Geräten, denen sie ausgeliefert sind, von denen ihr Job, ihre Anerkennung und der Erfolg des Unternehmens abhängen – und haben gerade mal eine rudimentäre Ahnung, wie man den Kasten bedient. Wo die Daten liegen. Worauf es ankommt. Und das jeden Tag – eine Art des Ausgeliefertseins, die schon psychisch unzumutbar ist. Aber man gewöhnt sich offenbar daran. Mir ist das ein Rätsel. Es ist mir überhaupt ein Rätsel, wie man so wenig in die Menschheit und die Zukunft investieren kann.

Typischerweise sage ich am Telefon jemandem etwas wie: »Klicken Sie das Icon mit der Aufschrift *Explorer* an.« Wenn ich Glück habe, werde ich nicht gefragt, was Icon bedeutet. Sondern nur: »Mit welcher Taste?«

Die Maus hat drei Tasten. Aber wozu? Als Ersatzteil? Aus religiösen Gründen?

Mit der linken Maustaste wählen Sie aus. Mit zwei schnellen Klicks auf die linke Taste starten Sie direkt das, was hinter dem Icon liegt, ein Programm zum Beispiel. Oder der Ordner, der damit verbunden ist, öffnet sich.

Die zweite Taste ist flexibler als die erste. Wie sie reagiert, hängt davon ab, wo die Maus sich gerade befindet. Sie löst nur indirekt eine Funktion aus: Sie öffnet eine Liste mit verschiedenen Funktionen. Diese Funktionen beziehen sich auf den Ort, an dem die Maus gerade steht. Das heißt, was sie aufruft, hängt von ihrer momentanen Umgebung ab: Das nennt man kontextabhängig.

Stellen Sie sich vor, Sie müssen zu einem dringenden Termin an einen bestimmten Ort. Um nicht zu spät zu kommen, entscheiden Sie sich, den Zug zu nehmen. Mit dem Auto fahren Sie zum Bahnhof. Doch an der Stelle, wo sich letzte Woche noch ein Parkplatz befand, klafft jetzt ein riesiges Loch im Boden. »Hier entsteht ein Parkhaus mit 550 Plätzen«, lesen Sie auf der Werbetafel – aber bis das fertig ist, können Sie nicht warten. Sie müssen also einen anderen Parkplatz suchen, und die Zeit wird immer knapper. Sie wollen, Sie dürfen den Zug auf keinen Fall verpassen, der Termin hat allerhöchste Priorität. Schließlich parken Sie entnervt im absoluten Halteverbot. Als Sie die Treppe der Unterführung zu den Gleisen hinabhetzen, sehen Sie die Politesse an der Ecke. Ihre Reaktion auf diesen Anblick ist kontextabhängig: Sie wird von Ihrer aktuellen Situation bestimmt. Wären Sie mit dem Bus zum Bahnhof gekommen, würden Sie die Politesse vielleicht nicht mal wahrnehmen. Oder neutral. Oder vielleicht mit Erleichterung: Noch mal davongekommen.

An diesen Sachverhalt angelehnt nennt man das, was die zweite Taste der Maus aufruft, Kontextmenü: Das Drumherum bestimmt die Bedeutung.

So weit, so gut? Dann folgt jetzt das Übliche: Verwirrung. Lesen Sie nicht weiter. Meist ist es die rechte Taste. Aber die Maus lässt sich auch für Linkshänder umstellen, dann ist es die linke Taste. Hiermit kommen wir den Erklärungen bei Computern schon sehr nahe. Die klingen oft so: »Ja, wenn du das und das machst, passiert so und so. Außer du machst es, wenn gerade dies und jenes. Dann ist alles anders.« Nach ein paar solchen Erklärungen fühlt sich das Gehirn gallertartig an. Nah der Realität – keine Ahnung von irgendwas.

»Aber Entschuldigung«, sagte mir eine Frau am Telefon, »da ist keine rechte Maustaste.«

»Sie haben einen Mac.«

»Bin ich damit benachteiligt?«

»Im Gegenteil. Manchmal ist es besser, wenn man etwas nicht hat.«

Ein ähnlich oft benutztes und genauso wenig verstandenes Gerät ist das Handy. Wer weiß schon, was die Dinger eigentlich können? Ansehen tut man es ihnen schließlich nicht. Und die Witze darüber, dass sie toasten, die Kinder ins Bett bringen und verlorene Ehemänner aufspüren, bringen einen auch nicht weiter.

Kürzlich war ich mit meiner Schwester unterwegs, die bei einer großen Fluggesellschaft arbeitet. Nach langem Flug in Japan gelandet, fuhren wir mit dem Crewbus vom Flughafen ins Hotel. Alle schalteten ihre Handys an, aber nur bei einigen piepte es und die SMS liefen ein. Vor mir saßen zwei Frauen in Uniform. Die eine las ihre SMS, die andere starrte auf ihr bislang stummes Handy. Schließlich murmelte sie übernächtigt: »Sie haben mich alle vergessen. Ich bin unwichtig.«

»Red keinen Unsinn. Wahrscheinlich hat dein Handy kein UMTS oder LTE, dann kann es das japanische Netz nicht erreichen. Die Japaner haben die alten Frequenzen abgestellt«, entgegnet die SMS-Queen neben ihr.

»Kein was?«, fragte die Glücklose und hielt ihr Handy dicht vor ihre Augen. Dann hob sie es ans Ohr und schüttelte es, als müsste sie das UMTS hören können. Meine Schwester, die die Szene ebenfalls beobachtete, klärte mich auf. »Das ist übrigens unsere Pilotin. Die Frau, die uns bei diesem Orkan sicher zurück auf den Boden gebracht hat.«

Ich grinste und zitierte im Beipackzettelton: »Von Rückschlüssen aus der unsachgemäßen Handhabung technischer Geräte auf die sonstigen Fähigkeiten eines Menschen ist grundsätzlich abzuraten.«

DOMAIN
UNBEKANNT VERZOGEN

Ich bin total verzweifelt, wissen Sie, wie viele Nächte ich nicht mehr geschlafen habe?«, begrüßte mich der Mann, der mir auf den ersten Blick sympathisch war. Mitte 40, warme braune Augen, Stoppelbart.

»Nein, das weiß ich nicht«, sagte ich und verkniff mir die Bemerkung, dass er nach mindestens zweien aussah.

»Meine ganze Firma ist nicht mehr erreichbar. Meine Existenz zerbricht vor meinen Augen, und ich kann nichts tun. Sie sind meine letzte Rettung!«

Diese Ankündigung hat mir noch nie geschmeichelt. Ich empfinde sie als Bedrohung. Trotzdem nickte ich freundlich. »Ihre Kunden werden bestimmt anrufen, wenn sie auf Mails keine Reaktion erhalten.«

»Das Telefon funktioniert seit gestern auch nicht mehr. Wollen Sie einen Kaffee?«

»Vielleicht lieber Baldriantee«, dachte ich laut und folgte ihm in sein Büro.

Das Aluminium- und Stahlbauunternehmen war erst im letzten Jahr in das neue Firmengebäude an einer Bundesstraße gezogen, mitten in der Pampa. Ich schaute mir die technische Ausstattung an und beschloss, mich als Erstes um das Telefon zu kümmern.

»Sie haben vier Leitungen zur Verfügung«, stellte ich fest.

»Ja, aber die Hauptrufnummer, die alle kennen, ist tot.« Herr Bantel hob die Hände lässig in die Luft. »Ein Bagger«, ließ er mich in übertrieben nebensächlichem Tonfall wissen. »Keine Absicht.«

»Sagt die Telekom?«

Er nickte. »Es kann eine Woche dauern, bis alle Leitungen wieder zur Verfügung stehen. Wissen Sie, was das für mein Unternehmen bedeutet?«

»Ich kann es mir vorstellen. Was ist mit den Mails?«

»Unsere Mail-Hauptadresse ist noch immer dieselbe wie damals, als wir in einem Kollektiv zusammengearbeitet haben, mein ehemaliger Freund und ich. Das habe ich völlig vergessen. Ich habe mir nie Gedanken darüber gemacht und seit Jahren schon keinen Kontakt mehr zu meinem ehemaligen Freund. Wir haben uns ungut getrennt. Da denkt man doch nicht an eine Mailadresse!«

»Sollte man aber, wenn eine Firma dranhängt«, warf ich ein.

»Das ist mir heute auch klar.«

»Okay, Freund weg, Adresse weg – aber wieso?«

»Er muss die Hauptadresse gekündigt haben.«

»Absichtlich?«, fragte ich fassungslos. Immer wieder erstaunt es mich, zu welchen Taten Menschen fähig sind.

»Nein, nein! Das glaube ich nicht. Es ist alles viel zu lange her. Ich schätze, er hat nicht gewusst, was er damit anrichtet. Was soll ich jetzt bloß machen?«

»Sie haben natürlich schon alles versucht herauszufinden, wo sich ihr ehemaliger Freund aufhält?«

»Was glauben Sie, was ich die letzten Nächte gemacht habe? Ich habe mir sämtliche Adressbücher von früher herausgesucht, wozu ich zwei Stunden im Keller gewühlt habe, und alle Nummern angerufen, und Sie brauchen nicht meinen, dass Sie, wenn Sie nach 20 Jahren jemanden an der Strippe haben, einfach nach Max fragen können, oh, nein, da müssen Sie erzählen, was Sie in den letzten 20 Jahren getrieben haben!«

… Wenn man ein höflicher Mensch so wie dieser hier ist, dachte ich, muss man das wohl …

»Da werden Sie gefragt, ob Sie verheiratet sind und Kinder haben, ob Ihre Eltern noch leben und ob Sie sich noch erinnern, wie Sie damals Robert den Pokal weggeschnappt haben.«

Es fiel mir schwer, Herrn Bantel mitzuteilen, dass der Umzug der Mailadresse ungefähr so lange dauern würde wie der Umzug seines Büros. Deshalb begann ich mit der guten Nachricht: »Ich werde Ihre Rufnummer auf Ihren noch funktionierenden Anschluss umleiten. Das dauert knapp zehn Minuten.«

»Wunderbar!«

»Das mit der Mailadresse«, fuhr ich fort.

»Ja?«

»Die müssen wir zurückkaufen.«

»Von wem?«

»Das müssen wir erst herausfinden.«

»Wie?«

»Entweder von Ihrem Freund.«

»Auf keinen Fall!«

»Oder vom Provider. Oder von *Denic*. Das ist die Organisation, die im Internet die Adressen verwaltet.«

»Ach! So etwas gibt es? Quasi ein Telefonbuch?« Hoffnung glomm in Herrn Bantels Augen auf.

Ich zögerte. »Ja, so ähnlich.«

»Schwierig?«

Ich nickte. »Aber nicht chancenlos. Am besten, wir fangen gleich an!«

»Ich bin völlig in Ihrer Hand.«

Bitte nicht, dachte ich.

Wie so oft hätte ein Einzeiler dieses Desaster verhindern können: *Werde die Mailadresse zum nächsten Ersten kündigen.* Doch Kommunikationsvermögen und Computerwissen scheinen auf unterschiedlichen Rechnern zu laufen. Herrn Bantels Problem war mit wenig Arbeit für mich verbunden – doch leider stand es außer meiner Macht, die Lösung zu beschleunigen. Ich konnte nur mit den richtigen Stellen telefonieren und nachhaken, ohne die Mitarbeiter an den Hotlines zu sehr zu nerven. Das erfordert zuweilen übersinnliches Fingerspitzengefühl. Ich vergleiche eine solche Aktion gern mit dem Wendemanöver eines Riesentankers aus voller Fahrt auf offener See. Das dauert auch. Zwischendurch fällt es mir zu, meine Havaristen zu trösten, die sich verständlicherweise völlig ohnmächtig fühlen. Ohnmacht ist ein sehr unangenehmer Zustand, er mündet gern in Depression. Wenn wir ohnmächtig sind, haben wir unsere Handlungsfreiheit verloren. Das Leben mit Computern führt häufig in solche Fallen. Sie haben erschreckende Ähnlichkeit mit dem Tod und der Steuer. Beide sind unausweichlich.

Risiken und Nebenwirkungen

Wenn ich an Netzwerken arbeite, hat das nicht nur Auswirkungen auf die Rechnungssumme, sondern auch auf meine Verantwortung. Ich bin keine Passagierin, die sich an Bord einer Boeing auch so verhalten kann, dass sie ihre Mitreisenden gefährdet – ich bin die Pilotin. Werden wir den Zielflughafen erreichen, abstürzen oder bruchlanden? Jedes Manöver ein Abenteuer. Es dauerte eine Weile, bis ich – als frischgebackene Firmengründerin – bemerkte, dass mir dies zu schaffen machte. Mein Körper kapierte es schneller. Wo wir bei der Frage wären: Ist er ich, und wenn ja, wie hängt das zusammen, und gilt das auch in Extremfällen oder gerade dann?

Bestimmte Fehlermeldungen lösten sofortige Symptome in meinem Körpernetzwerk aus, ähnlich den aus Medikamentenbeipackzetteln bekannten Nebenwirkungen. Offensichtlich gab es eine direkte Verknüpfung von den Fehlermeldungen zu meinem zentralen Nervensystem.

»Ich kann nicht mehr auf die Filiale zugreifen, woran liegt das?«, fragte mich die Etatdirektorin.

Schweißausbruch, Puls beschleunigt, Kurzatmigkeit, krampfartige Magenbeschwerden.

Ein Disponent wollte wissen: »Plötzlich sind alle Termine in meinem Kalender doppelt erschienen. Was kann das sein?«

Nervöses Augenzucken, Eintrübungen im Blickfeld.

»Der Abgleich der Mails ist ausgefallen.«

Kribbeln in den Händen, eiskalte Füße.

Mein Körper war kein Einzelfall. Schon in meiner Zeit als Dozentin in der Erwachsenenbildung stellte ich fest, dass Technik stark somatisierend auf die Kursteilnehmer wirkte. Oft, wenn ich zu einem Arbeitsplatz gerufen wurde: »Frau Kammerer, können Sie mal gucken? Meiner macht das nicht«, und dann neben dem Teilnehmer stand, dessen Verspannung sofort auf mich übersprang, nahm ich wahr, dass meine Schülerinnen und Schüler schweißgebadet waren. Und das war ja nur die Spitze des Eisbergs. Welche Symptomatik sie in ihrem Inneren entwickelten – das will ich lieber gar nicht wissen.

Beruhigend legte ich dem Teilnehmer meine Hand auf die Schulter. »Das wird schon.«

Er entspannte sich sofort.

Der Computer auch. »Jetzt geht es!«, rief der Teilnehmer verblüfft.

»Ach ja?«, tat ich erstaunt.

Die Wege der Technik sind unergründlich. Und die Art, wie wir mit ihnen direkt vernetzt sind, erst recht. Unsere Körper scheinen das zu wissen. Jedenfalls reagieren sie entsprechend.

Eine nicht funktionierende Website, eine klemmende Tastatur, ein Bildschirmflackern … all diese Befindlichkeitsäußerungen haben sofort und unmittelbar Auswirkungen auf die Stimmung der Benutzer. Müttern, die gern zurück in ihren Beruf wollen, aber mit ihrem schlechten Gewissen kämpfen, wird oft gesagt: Ist die Mama glücklich, geht es dem Kind gut. Tierfreunde fühlen sich wohl, wenn ihre Haustiere fidel sind. Und die wiederum sind fröhlich, wenn die Chefs gute Laune haben. Der Mensch ist unbeschwert, wenn der Computer rund läuft. Der Computer spiegelt diese Haltung womöglich. Wie das gehen kann?

»Wie der Kunde drauf isch, merkscht glei an seim PC«, stellt auch Sankt Martin immer wieder fest.

Mein Text lautet dann: »Feldtheorie.«

Und er nickt wissend: »Einstein ist schuld.«

Ausfallsicherheit

Ein kleineres Problem war es, zu erkennen, welche Probleme auf die Begrenzungen meines Verstandes zurückzuführen waren und welchen ein tatsächliches technisches Problem zugrunde lag. Darin wurde ich im Lauf der Zeit immer besser, was mein Leben vereinfachte. Ein ernstes Problem ist es, dass man an seinem eigenen Verstand zu zweifeln beginnt, wenn man die zehnte Runde im immer gleichen Menü dreht und stets dasselbe Nichts passiert. Obwohl man sich einen Arm dafür abhacken lassen würde, das Häkchen an der richtigen Stelle gesetzt zu haben. Warum machte er also noch immer nicht, was er tun müsste mit dem Häkchen an dieser Stelle?

Der spinnt.

Ich schon auch.

Aber jetzt spinnt er mehr als ich.

Und deshalb habe ich recht!

Diese Erkenntnis ist entscheidend für den Lösungsweg. Gehe ich davon aus, dass ich das Problem bin, werde ich immer unsicherer und suche den Fehler bei mir. Damit betrete ich ein Labyrinth. Manche Menschen stecken dort lebenslänglich fest. Erkenne ich, dass das Problem aufseiten des Rechners liegt, muss ich ihn nur so lange beackern, bis ich ihn auf irgendeinem anderen Wege zur Kooperation überredet habe. In den ersten Jahren nach meiner Firmengründung unterstützte mich hier die ständige Erweiterung der technischen Möglichkeiten. Im Vierteljahresrhythmus verdoppelte die Hardware seinerzeit ihre Leistungsfähigkeit – bei konstantem Preis. Damit erweiterten sich auch die Lösungsmöglichkeiten, zum Beispiel bei der Ausfallsicherheit. Gedruckte Gebrauchsanweisungen konnten mit diesem Tempo nicht Schritt halten. Es gab sie schlichtweg nicht. Ohne das Internet wären wir Administratoren hilflos gewesen. Im Netz fanden wir alles, was wir brauchten, FAQs – frequently asked questions – anderer Schiffbrüchiger mit gelösten Problemen, Fragen, Anleitungen und Treiber.

In diesem Goldenen Zeitalter der Expansion ließen sich die Computer- und Zubehörhersteller im Hard- und Softwarebereich nicht lumpen. Die Events, auf denen Neuheiten vorgestellt wurden, waren gespickt mit Lachshäppchen, und bei den Vorführungen floss der Champagner in Strömen. Ich erinnere mich gut an eines dieser Events, bei dem ich zwei junge Chefs einer Netzwerkfirma aus Ulm kennenlernte, die genauso begeistert von den neuen Lösungen waren wie ich, denn »früher«, wie der eine der beiden sich mit schmerzlichem Gesichtsausdruck erinnerte, »bestand unsere einzige Chance, das System ausfallsicher zu halten, darin, einen identischen Server gleicher Bauweise als Ersatzteillager neben den diensthabenden Server zu stellen. Aber diese Chance konnte sich niemand leisten.«

»Wir haben die Notwendigkeit dieser Maßnahme keinem einzigen Kunden vermitteln können«, bestätigte sein Kompagnon.

»Und weil die Herstellungszyklen so kurz sind, können die Ersatzteile oft schon nach zwölf Monaten nicht mehr geliefert werden. Geht ein Teil kaputt, steht der ganze Laden still.«

»Ich weiß genau, wovon ihr sprecht«, stimmte ich zu.

Zuversichtlich stießen wir auf die neue Software für Systemsicherung an, mit deren Hilfe das gesamte System von einem auf einen anderen Rechner übertragen werden konnte, unabhängig von der Hardware.

»Das ist schon verrückt«, stellte einer der beiden fest. »Wir freuen uns darüber, dass es immer einfacher wird.«

»Ja, weil wir wissen, dass es dadurch nicht einfacher wird. Es gibt halt dann neue Fehler. Fehler gibt es immer.«

Ich hob mein Glas. »Na dann: Prost!«

Virtualisierung

Was tun, wenn ein Organ ausfällt, der Rest aber noch fit ist? Auf dem Markt gibt es nur selten passende Organe. Veraltete Hardware ist nicht mal bei eBay immer auffindbar. Eine Firma, die einen Totalausfall erleidet, ist darauf angewiesen, in kürzester Zeit wieder auf Daten und Systeme zugreifen zu können. Es wurde viel Aufwand betrieben, um eine Lösung für die Sicherung des Systems zu entwickeln. Wer einmal versucht hat, auf eine Datei zuzugreifen, die das System selbst benötigt, kennt die hämischen Fehlermeldungen, mit denen man beworfen wird. Wie also eine

Datei sichern, auf die man im Betrieb nicht zugreifen kann? Ähnlich wie bei der Meldung: *Keine Maus gefunden, klicken Sie auf Okay, um fortzufahren.* Catch 22. Da kamen die Programme gerade recht, die Windows sogar im laufenden Betrieb sichern konnten, indem sie es in eine große Datei schrieben, die man auf einer USB-Platte bei wirklich guten Freunden aufbewahrte, die hoffentlich vor einem Zimmerbrand gefeit waren. So erwarb man sich eine reelle Chance, sein System nach einem Crash wiederherstellen zu können – bei einigermaßen aktueller Sicherung.

Der nächste Schritt, nach dieser Methode einen ganzen Computer in eine einzige Datei zu sichern, nennt sich Virtualisierung. Sie gehört heute zum Standard und funktioniert folgendermaßen: Man schreibt ein ganzes System direkt in eine Datei. Diese Datei hält sich nicht etwa für eine Sicherung, sie hält sich für einen Computer und lässt sich mit einer Software auch genau wie ein ganzer Computer bedienen. Damit ist die Systemsicherung identisch mit einer Datensicherung. Nur dass die Systeme sehr große Dateien darstellen. Aber man muss nur diese Datei an einen anderen Ort kopieren und hat ein komplettes System gesichert oder auch geklont. Denn in der Sicherungskopie kann man Dinge testen, die einem im »lebenden System« den letzten Nerv kosten würden. Damit das Sinn macht, braucht es ein Programm, das in der Lage ist, diese Datei wie ein System laufen zu lassen. Dieses Programm gaukelt einer Datei vor, ein Computer zu sein. Die Datei glaubt, sie verfüge über Hardware und alles, was einen Computer so ausmacht. In Wahrheit existiert diese Hardware nicht, sie wird dem System vorgespielt. Man macht aus einer realen Maschine eine virtuelle und gibt ihr eine Umgebung, in der das System läuft. In einer Art homöopathischer Verfeinerung hat man so aus einer Systemsicherung in eine Datei eine noch feinstofflichere Umgebung geschaffen, in der nun der ganze Computer arbeitet.

AUF DER FLUCHT

Bis heute ist es mir nicht gelungen, meine Firewall im Privatbereich erfolgreich abzuschotten. Alle Administratoren, die ich kenne, reagieren nervös bei freundlichen Fragen wie: Kannst du mal schnell? Der wunderbare Horst Evers hat das großartig auf den Punkt gebracht in einem seiner Stücke:

»Jan ist zu Besuch. Zum Frühstück. Das ist sehr ungewöhnlich. Eigentlich besucht Jan niemanden mehr. Denn schon seit einiger Zeit hat Jan Angst vor Menschen. Große Angst. Aus gutem Grund, denn Jan kennt sich mit Computern aus. Ziemlich gut sogar. Tatsächlich ist es sein Beruf, und alle seine Freunde und Bekannten wissen das. Aber nicht nur die. Auch die Bekannten der Bekannten von entfernten Bekannten und wiederum Bekannte von denen wissen: Jan kennt sich ziemlich gut mit Computern aus. Deshalb hat Jan heute Angst vor Menschen. Sobald er irgendwo auftaucht, bildet sich in Windeseile eine Traube um ihn, und alle, alle haben schlimme Fragen.«

Fortsetzung Klick: http://phlow.net/magazin/wp-content/mp3-upload/horst_evers-schwitzen_ist_wenn_muskeln_weinen_-_jan.mp3

… Wer kann schon von sich behaupten, er habe keine Computerprobleme? Eine gewagte Aussage! Es ist so ähnlich wie in der Medizin. Krank ist jeder, irgendwie. Es weiß nur nicht jeder. Aber wer sich lange genug untersuchen lässt, wird auch was gefunden kriegen. Hier eine zu volle Festplatte, dort eine Maus, die manchmal nicht reagiert, hier eine Datei, die sich nicht öffnen lässt … womöglich ist das besser so.

Ich rate dringend von Kosmetikbehandlungen an Computern ab, zu schnell werden sie zum Notfall, machen eine ärztliche Konsultation erforderlich. Und dann ist der schöne Nachmittag dahin. Ich erinnere mich an unzählige solcher Nachmittage und Abende. Eigentlich erinnere ich mich im letzten Jahr fast nur an solche Nachmittage und Abende. Wenn sie vorbei sind, beginnt die Erinnerung daran mit einem Eigentlich.

Eigentlich wollten wir einen langen Spaziergang mit den Hunden unternehmen.

Eigentlich wollten wir die Fotos von unserer Klassenfahrt damals anschauen.

Eigentlich wollten wir den Garten umgraben.

Eigentlich wollten wir einen Song für den Geburtstag von Heike einstudieren.

Eigentlich wollten wir mal wieder richtig ausgiebig und ungestört und bis in die Puppen ratschen und tratschen.

Und natürlich wollten wir über Ninos neue Freundin sprechen.

Eigentlich. Was ist das schon? Ein Partikel. Ein Füllwort. Ohne Bedeutung. Ohne Relevanz. Und so fällt es unter den Tisch. Eigentlich steht nicht wieder auf, setzt sich nicht durch, wird erschlagen von den Deckeln der Laptops.

Das zweite wichtige Wort in diesem Zusammenhang lautet schnell. Es kommt immer vor, wenn es um Erste Hilfe geht. Kannst du mal schnell schauen? Kannst du mir das schnell schicken? Oder ausdrucken? Kannst du mal schnell?

Ja, kann ich.

Stunden später ist sehr viel passiert. Das, was hätte schnell mal eben passieren sollen, leider oft nicht.

»Also bei mir läuft alles prima, nur manchmal stürzt das Word ab, einfach so«, antwortete Elke bei der Begrüßung auf meine Frage, wie es ihr gehe. Wir hatten uns lange nicht gesehen.

»Komm doch erst mal rein«, sagte ich, ohne mir groß was zu denken.

Dabei müsste ich es wissen, was so eine Bemerkung nach sich ziehen kann. Oft bin sogar ich es, die vorschlägt: »Wenn du willst, können wir ja mal gucken.«

Dieses Angebot wurde noch nie zurückgewiesen.

Und dann gucken wir also mal. Keine Urlaubsfotos von früher, also diese viereckigen Dinger – »Wollen Sie die in Matt oder Glanz?«, da gab es seinerzeit zwei Fraktionen, und die waren unversöhnlich –, solche auf Papier, die man noch in die Hände nimmt, wo man sich noch ärgert, wenn jemand einen fettigen Fingerabdruck darauf zurücklässt, weshalb man den üblichen Verdächtigen den Stapel Fotos nur ungern überließ und ihn festhielt, wenn sie ihn selbst in die Hand nehmen wollten. »Ich seh nichts!« Echte Fotos wie das Leben, die sich im Lauf der Zeit verändern, Falten kriegen sie zwar nicht, doch sie werden lila oder blaugrünlich.

»Hättest du halt Agfa genommen, Kodak taugt nichts.« Oder genau andersrum. Und schon war man mittendrin in einer dieser herrlichen Diskussionen, als die Themen noch zweidimensional waren wie die Fotos, als man kein Foto öffnen konnte und rote Augen rot blieben, keine zweite Ebene, ein Foto. Einfach ein Foto. Und dann kam *Fuji* in die Pocketkamera, Ritsch-Ratsch. Es klang so ähnlich wie beim Mac, wenn die Mails in den Kosmos rauschen.

Noch später, und zwar viel später, als man sich das vorgestellt hat, als man den schönen langen Spaziergang mit den Hunden, das Betrachten der alten Fotos verabredet hatte, trennt man sich.

»Tschüs Elke.«

Die Stimmung ist in erster Näherung ein Lichtjahr von der Erwartung abgewichen. Den ganzen schönen Herbsttag in der Bude verbracht und nichts erreicht. Nichts! Aber das wissen wir doch. Das Nichts und der Computer, eine Symbiose. Davor der kleine Mensch. Ein ohnmächtiger Wicht, sogar mit Administratorin an der Seite. Wenn die Festplatte nur noch klackert, kann auch sie keine Daten mehr aus dem Fegefeuer retten. Da müssen dann andere Geschütze aufgefahren werden. Ganz in Weiß vermummte Gestalten in einem hochreinen Raum öffnen die Platte behutsam, die außerhalb dieser Schutzzone von jedem Staubkorn ruiniert werden könnte. Man kennt den Anblick aus Krimis. Allerdings sind die Ermittler dort Spurensicherer, nicht Datenrettungsspezialisten.

Eine Festplatte besteht aus einer Steuerungseinheit und magnetischen Platten, auf denen die Daten je nach Ausrichtung der Sektoren als 0 oder 1 gespeichert sind. Diese Segmente sind so klein, dass ein Staubkorn für sie größer als ein Felsbrocken erscheint – und den Zugang zu den Daten blockieren kann. Daher ist der Bereich unterhalb der Elektronik nur zu öffnen, wenn keine Verschmutzung durch Staub zu befürchten ist.

Sollte es gelingen, einen Felsbrocken vom Eingang zum Paradies zu wälzen, fühlt man sich heiter, beflügelt. Manchmal geht das sogar richtig schnell. Hin und wieder, äußerst selten wird auch mir die Gnade zuteil, dass sich ein Problem mit einem oder zwei Klicks beheben lässt. Eine solche Offenbarung teile ich am liebsten mit Sankt Martin.

»Es hat funktioniert. Auf Anhieb!«

»Gleich in den Kalender eintragen. Und nächstes Jahr an dem Tag machen wir was, bei dem man irre viel Glück braucht!«

Schwarze Löcher

Joachim, ein lieber Kollege, vertraute mir einmal an: »Es macht mich nervös, wenn ich wo hin soll, und da ist nichts.«

»Wie, nichts?«, fragte ich. Wovon sprach er? Schwarze Löcher im Universum? Leere Räume in Zweizimmerwohnungen?

»Na eben Kaffeetrinken mit Kuchen und so. Diese Sonntagnachmittagseinladungen. Man sitzt am Tisch und existiert.«

»Ich weiß genau, was du meinst«, nickte ich. »Das hatte ich auch mal.«

»Und? Ist wieder weggegangen?«

»Ja.«

»Warst du deswegen beim Seelenklempner?«

»Quatsch. Das hat sich einfach so ergeben.«

»Na ja«, meinte er zögernd, »es gibt auch Leute, die hören über Nacht mit dem Rauchen auf. Aber bei mir«, seine Stimme wurde leiser.

Ich beugte mich vor.

»Also bei mir sehe ich keinen Grund, warum das weggehen soll. Denn es dauert nie lange, bis der Nächste ankommt. Irgendeiner hat immer ein Problem am Gerät. Und weißt du, was?«

»Ich glaube schon«, gestand ich.

»Man weiß dann einfach, wozu man auf der Welt ist.«

»Ja«, bekräftigte ich.

Joachim seufzte. »Mein Leben ist ein Wartungsauftrag. Das ist meine Bestimmung, und es macht mir nichts aus. Ich hasse diesen Small Talk. Wie es mir geht und so. Woher soll ich denn das wissen?«

»Gute Frage«, nickte ich.

Joachim und ich sind Kollegen von Jan, der Figur des Kabarettisten Horst Evers. Der fürchtet sich vor Menschen, weil an ihnen Computer dranhängen. Aber ist das schlimm? Immerhin haben Joachim und ich offenbar keine Probleme, wenn wir unsere Treffen mit Klassenkameradinnen und -kameraden, die wir zehn Jahre nicht gesehen haben, damit verbringen, ein Wordprogramm auf einem Laptop zu reparieren. Es ist halt die Frage, was man unter angenehmem Zusammensein versteht. Womöglich ist nicht nur die Software an diesem Vorgang beteiligt, sondern feinstofflich, unbewusst, tiefenpsychologisch auch noch das interne Element, für das es noch keine Begriffe gibt. Das unser eigenes elektromagnetisches Feld mit dem der Computer koppelt, die sich dann gemeinsam zu synergetischen Effekten hochschaukeln.

Vielleicht sind das alles nur Symbole. Der Computer als Ödipus und die Maus die gute Mutter, das Motherboard der Drache, und so hacken wir fingerfertig auf unseren Seelen herum, ohne es zu merken, nun, das haben sie so an sich. Man sieht sie nicht. Was Genaues weiß man nicht. Und das ist womöglich besser so.

Das Wissen der Mayers

Ich erinnere mich an eine Freundin, die Anfang 2012, also immerhin zur Zeit des von den Anhängern der Mayas, die Ungläubige gern als die Mayers bezeichnen, und deren Kalender prognostizierten Weltuntergang mit ISDN auf dem Lande lebte. Ich gestehe, dass mir der Weltuntergang plausibler erschiene, wenn jeder Weiler mit DSL ausgestattet wäre; es macht doch viel mehr Spaß, den Legoturm umzuschubsen, wenn er wirklich hoch ist.

»ISDN und Land«, stellte Ela bitter fest, »das ist eine Kombination, die einen Menschen für immer zum Single brandmarkt.«

Brandmarkt. Interessantes Wort, dachte ich. »Erklär mir den Zusammenhang«, bat ich Ela, denn ich konnte ihr nicht folgen. Schließlich hatte ich selbst jahrelang ISDN-Beziehungen geführt.

»Wenn ich eine Mail mit Anhang kriege, dann dauert das ewig.«

Ich nickte. Das war so. Dinge fielen von oben nach unten. Ein Naturgesetz.

Ela fuhr fort: »Alle zehn Minuten fragt er mich, ob ich die Verbindung zum Modem trennen will. Also muss ich alle zehn Minuten nein anklicken, damit ich das runtergeladen kriege. Und deshalb kann ich nicht weggehen. Ohne DSL bin ich nicht beziehungskompatibel. Außerdem ist das nicht schön, ständig auf nein zu klicken. Wenn das mal keine Rückwirkungen auf mich hat.«

Ich überlegte kurz, ob der Computer hier wieder mal herhalten musste, die wahren Motive zu verschleiern, wie es so oft der Fall ist, und beschloss dann, dass dem nicht so war.

»Du könntest bei den Einstellungen das Häkchen in dem Feld löschen, wo es heißt, dass die Verbindung nach jeweils zehn Minuten abgebrochen werden soll.«

»Aber wenn ich das mal vergesse! Dann bin ich immer im Netz, immer – und ich zahle jede Minute, weil es für ISDN keine Flatrate gibt.«

»Du könntest das Häkchen an eine andere Stelle klicken«, schlug ich vor. »Du könntest festlegen, dass die Verbindung nach zehn Minuten lediglich getrennt wird, wenn keine Aktivität vorliegt.«

Sie starrte mich an. »Das geht?«

»Ein Häkchen weg, eins hin.«

So einfach kommen Leute manchmal unter die Haube.

KABELMIKADO

Leider gelingt die Reanimation nicht immer: Manchmal sind Rechner tatsächlich und endgültig kaputt. So etwas kommt in den besten Netzwerken vor, auch wenn es bei den Angehörigen zu Unverständnis führt. »Aber gestern ging er doch noch!« Als gäbe es in der Technik ein Versprechen auf Ewigkeit. Im menschlichen Gehirn muss irgendwo eine Art Blaupause hinterlegt sein, die sich daran erinnert, dass der Kern immer unversehrt bleibt. Was es logisch macht, dass man alles reparieren kann. Fast alles.

Der Preisverfall und die Geschwindigkeit, mit der die Modelle altern, machen eine Lagerhaltung für alles unterhalb einer Großhandelsmenge unattraktiv. Das führt dazu, dass die meisten Großhändler zwar einen kleinen Bestand an häufig verwendeten Gerätschaften auf Vorrat halten, aber lange nicht alles, was den Geist aufgeben oder Amok laufen kann. Erschwerend kommt hinzu, dass Großhändler in meinem Metier über keine solche Flächendeckung wie Lebensmitteldiscounter verfügen. Manchmal muss ich ziemlich weit fahren, um für einen Kunden ein dringend benötigtes Teil zu erjagen. Zwar liefern die Großhändler innerhalb von 24 Stunden – doch in einer Zeit, in der Börsenkurse in Sekundenbruchteilen abstürzen, »ist das nicht tragbar, Frau Kammerer«, teilte mir einer meiner Kunden am Telefon mit. Der Empfang war so schlecht, dass ich mich fragte, ob ich den Anbieter wechseln sollte, was sicher billiger wäre. Aber man darf nicht mal im Traum darüber nachdenken, was man alles sparen könnte, täglich, stündlich, wenn man nur immer schnell genug wechseln würde – beim Mobilfunkvertrag, bei den Versicherungen, Stromanbietern, Gaslieferanten. Von Aktien ganz zu schweigen.

Beim Kunden angekommen, wurde ich sofort in die Intensivstation geführt, wo ich mir vor dem Serverschrank, in den die Telefonanlage eingebaut war, einen ersten Eindruck verschaffte. Ein 19-Zoll-Gehäuse, eine teure Anlage. Sie machte keinen Mucks mehr. Mausetot, sozusagen.

»Wann ist die Störung denn aufgetreten?«, fragte ich die Sekretärin.

»Störung nennen Sie das?«, schnaubte sie und knallte einen Stapel Papier auf den Tisch. »Sie sind ja lustig. Die ist fertig. Aus. Ende. Erledigt.«

»Wenn Sie das sagen.«

»Der Elektriker war da. Wollte eine Dose verlegen und hat es dabei irgendwie geschafft, einen saftigen Kurzschluss zu erzeugen. Im ganzen Haus. Aus dem Kasten kam eine Rauchwolke! Mich wundert, dass hier noch nicht alle Lichter ausgegangen sind.«

»Ja, so was kommt vor.« Wieder mal wurde ich an meine eigenen Versuche mit meinem ersten PC erinnert. Damals waren die Lichter im ganzen Haus ausgegangen. Halbe Sachen mochte ich noch nie.

»Und jetzt?«, wollte die Sekretärin ungeduldig wissen.

»Ich kann die Anlage einsenden, dann wird sie repariert, das dauert drei bis fünf Werktage. Die Garantie ist ja leider abgelaufen.«

»Wie lange?« Die Sekretärin schnappte nach Luft. »Das ist ausgeschlossen. Der Chef reißt uns den Kopf ab.«

»Ich weiß«, erwiderte ich. Dies war einer jener Momente, in denen ich mich glücklich schätze, nicht angestellt zu sein.

Sie krallte sich in meinen Arm. »Bitte! Tun Sie etwas.«

Als erste Maßnahme tat sie mir aufrichtig leid. Ich versuchte sie zu trösten. »Ihr Chef hat mir am Telefon bereits mitgeteilt, dass selbst 24 Stunden Wartezeit für ihn keine Option sind.«

»Dann wissen Sie doch, was auf dem Spiel steht!«

»Unser Kopf«, verbündete ich mich mit ihr.

Ich kniete mich vor den Schrank und versuchte, die Kabel zu entwirren, ohne dabei eines abzuziehen, das gerade in Betrieb war.

»Sie schaffen das, gell. Sie kriegen das hin. Heute noch.« Die Stimme der Sekretärin klang flehentlich.

Konzentriert vollendete ich mein Kabelmikado, bis ich die Anlage in den Händen hielt. Behutsam bettete ich sie in den Kofferraum meines Kombis und stürzte mich in den Vor-Feierabendverkehr, um ganz bewusst die Therapie meiner Stau-Phobie durch völlige Überflutung mit dem Stress auslösenden Schlüsselreiz fortzusetzen.

Unterwegs ließ ich mir von der Zentrale des Großhandels versichern, dass das benötigte Modell auf Lager war. So leistungsfähig die moderne Logistik auch ist, den Kundenwunsch Nummer eins »heute bestellt, gestern geliefert!« kann sie nicht erfüllen. Noch nicht. »Wenn Sie vor 16.30 Uhr hier sind, können Sie es gleich mitnehmen. Schalter 13!«

Schon wieder. Man sollte wirklich mal über die Dreizehn forschen, dachte ich und bemerkte aus den Augenwinkeln, dass mein Navi behauptete, die Straße nicht zu kennen, die ich eingegeben hatte. Mir waren einige Werbeprospekte der Firma in Erinnerung, in denen sie ihren Umbau zum modernsten Logistikzentrum der Region angepriesen hatte. Da ich Waren meistens direkt zum Kunden liefern lasse, hatte ich den Neubau noch nicht gesehen. Mein Navi verriet mir, dass die Firma wirklich sehr neu war: weniger alt als das letzte Update des Kartenmaterials. Und richtig: Weit vor der Ortschaft fiel ein großes Industriegelände unangenehm auf. Wo bis vor kurzem Felder in Grün und Gelb wogten, prangten jetzt klotzige, fensterlose Hallen.

Vor Schalter 13 unterhielten sich zwei Männer. »Gib es zu, das System spinnt heute wieder mal«, grinste der eine, offenbar ein Kunde, der sich hier auskannte. Er verlangte von dem Angestellten: »Komm, gib mir den Zettel, ich gehe das jetzt selber holen.«

Ich konnte ein Lachen nicht unterdrücken, zum einen wegen des Gefühls, überall und immer in Computerprobleme zu latschen. Zum anderen bei der Vorstellung, in dieser riesigen Maschine von Lager kurz mal von Hand etwas aus einem Regal zu ziehen – und damit das durchdachte System für den Rest des Tages oder der Woche zum Erliegen zu bringen.

»Was ist denn hier so lustig?«, fragte mich der Mann.

Ich erklärte es und wurde einer Führung für würdig befunden.

»Ich bin der Jens«, der Mann streckte die Hand vor, die ich kräftig drückte. »Ich habe hier mal im Lager gearbeitet.«

Ohne aufgehalten zu werden, gelangten wir in eine riesige neonbeleuchtete Halle, die bis zur Decke mit Regalen vollgestellt war. Kleine Roboter flitzten durch die Gänge, befüllten Regale mit gelieferter Ware und leerten Regale mit bestellter Ware.

Jens klang stolz: »Da wird ständig berechnet, wie viel Platz frei geworden ist, und der wird millimetergenau wieder aufgefüllt. Das spart Wege und Platz.«

Beeindruckt beobachtete ich die Roboterchen, die in einem Affenzahn hin und her fuhren, Pakete auf kleine Fließbänder warfen, die sich wie Bäche mit größeren Bändern zu breiteren Strömen von Paketen vereinten, die an automatischen Packstationen endeten. Ritsch, ratsch, klick war die Ware in einen extra zugeschnittenen Karton gepackt, aufgefüllt, zugeklebt, Adresse mit Barcode zur Online-Paketverfolgung drauf, und schwupp aufs nächste Fließband Richtung Verschickungsstelle. Dort zuckelten die Pakete in große, rollbare Container, die nur noch in die Postlaster geschoben werden mussten, die diese Poststelle rückwärts anfuhren.

»Kein Wunder, dass da manchmal der Server in die Knie geht, bei dem, was das an Rechenleistung schluckt«, sagte ich beeindruckt.

»Und das ist nur eine von vier Hallen«, ergänzte Jens, sichtlich geschmeichelt.

Bei mir geht manchmal ein halber Vormittag, den ich nie habe, drauf, um einige Päckchen zusammenzustellen und zu adressieren, auf die Post zu fahren. Die dann vermutlich gerade Feierabend hat, für heute oder überhaupt. Das Landleben wird nicht nur mit DSL-Entzug und in der Folge Kinder-DSL auf Bewährung geahndet, auch die Anfahrtswege zu den Anschlussstellen und Knotenpunkten der modernen Welt sind weit. Ach, ich hätt auch gern so ein paar Roboterchen!

»Holla! Da sind sie ja!«, rief Jens und griff sich zwei Pakete von einem Band. »Da hätte ich noch ewig warten können.«

»Hoffentlich findet sich meine Bestellung auch bald!«

»Früher war es nicht so schlimm, wenn mal eine Maschine ausgefallen ist«, versuchte Jens mich zu trösten.

Aber früher nutzte mir jetzt nichts.

»Da wussten wir selber, wo was gelagert wird, und konnten zur Not von Hand nacharbeiten. Aber nun ist alles computergesteuert. Es gibt keine Listen mehr, die wären zu schnell veraltet bei dem Tempo, mit dem die hier das Zeug rein- und rausräumen.«

»Klar«, nickte ich und wusste genau, was Jens als Nächstes sagen würde: »Wenn der Computer ausfällt, geht gar nichts mehr.«

VOM DATE ZUM UPDATE

Das ist der schönste Anruf des Tages! Nein, des Jahres! Ich bin Ihnen so dankbar!«, verkündete die helle, klare Stimme von Iris Schmitt, Glockenklang in meinen Ohren. Dabei hatte ich noch gar nichts gemacht, nur Hoffnung gesät. Die arme Frau hatte Schlimmes durchgemacht mit ihrer Datenbank. Zwar funktionierte das Programm einwandfrei – doch leider nur unter Windows 2000. Der Programmierer, »ein Student damals«, wie Frau Schmitt mir erzählte, war längst über alle Berge und Meere ... wann würde besagte Südseeinsel wegen Überfüllung schließen?

»Meine Firma hängt seit Jahren an einem seidenen Faden. Sobald der Drucker bloß hustet, bleibt mir fast das Herz stehen.«

»Oje!«

»Seit drei Jahren versuche ich, das Problem in den Griff zu bekommen, aber ich verstehe von Computern überhaupt nichts!«

»Deshalb sind Sie jetzt bei mir gelandet«, stellte ich fest.

»Ich bin Ihnen so dankbar!«

»Moment – ich habe ja noch nichts gemacht. Aber ich halte Ihr Problem für lösbar. Selbst wenn es zu aufwendig sein sollte, die Datenbank zu konvertieren, kann sie in eine virtuelle Maschine übertragen werden, die sich als Fenster auf Ihrem neuen PC öffnet.«

»Und das funktioniert?«

»Ja, sicher. Wir haben das doch eben während der Fernwartung überprüft. Ihr System ist dafür bestens ausgerüstet.«

»Danke! Danke!«

Frau Schmitts überschwengliche Reaktion ließ mich ahnen, was sie in den letzten Jahren erlitten hatte. Einen kleinen Teil davon verriet sie mir. »Einmal war der Drucker kaputt, eine Katastrophe, weil es für die neueren Geräte keinen Treiber für Windows 2000 mehr gibt.«

»Stimmt. Der Support ist längst eingestellt.«

»Also habe ich mich selbst um den Drucker gekümmert.«

»Wie denn?«, wollte ich neugierig wissen.

»Ich habe ihn auseinandergenommen und in alle Einzelteile zerlegt. Bei den komplizierten Stellen habe ich Fotos gemacht, damit ich sie wieder richtig zusammenbaue. Es waren über 300 Teile!«

»Wow!«, entfuhr es mir. Frau Schmitt war eben eine Handwerkerin, als Maskenbildnerin und Visagistin führte sie ein Kosmetikunternehmen.

Nicht ohne Stolz ließ sie mich wissen: »Ich habe es geschafft, alles wieder zusammenzubauen, und seither läuft der Drucker ohne Macken.«

Ich unterdrückte die Frage, wie viele Schrauben übrig geblieben waren. Im Grunde genommen spielt das keine Rolle, wie ich seit meiner frühen Kindheit weiß.

Wie so oft stellte sich der Fall auf den zweiten Blick schwieriger dar als auf den ersten. Der studentische Administrator hatte das Passwort für die Umwandlung der Schlüsselfunktionen auf besagte Südseeinsel mitgenommen. So sah ich mich in jener Situation, die Psychoanalytikerinnen vertraut sein mag. Ich loggte mich ein in das Unterbewusstsein meiner Kundin, um ihr bei der Suche nach dem Passwort behilflich zu sein.

»Wann genau wurde die Datenbank installiert?«

»1994.«

»Äh, mit wem waren Sie damals zusammen?«

Frau Schmitt wunderte sich nicht. »Dieter.«

Ich tippte Dieter ein. Nichts regte sich in meiner Fernwartungsverbindung.

»Gab es sonst noch etwas Wichtiges in dieser Zeit?«

»Mein Hund ist gestorben.«

»Name?«

»Lucy.«

Auch Lucy wurde nicht akzeptiert.

»Wann sind Sie geboren?«

»Wie würden Sie gerne heißen, wenn Sie nicht so heißen würden, wie Sie heißen?«

»Hatten Sie als Kind ein Lieblingsstofftier?«

»Leibspeise?«

»Wie lautet der Titel Ihres Lieblingsbuches?«

»Wer kam nach Dieter?«

»Werner. Aber den hätte ich nie für ein Passwort hergenommen. Das war eher so eine Übersprungshandlung. Weil Dieter mich doch mit meiner besten Freundin betrogen hat.«

»Das ist bitter. Wie hieß die Freundin denn?«

»Nein, das hätte ich bestimmt nicht gemacht. Es muss etwas sein, was mir gefällt, ich würde doch keinen unangenehmen Begriff als Passwort wählen.«

»Manche Leute tun das.«

»Das verstehe ich nicht.«

»Weil sie wissen, dass sie etwas Unangenehmes nicht so leicht vergessen.«

»Da ist was dran.«

»Und nach Werner?«

»Peter. Oder Olaf … glaube ich. Aber das waren bloß Flirts, nein, der einzig Wichtige ist Oliver, aber den habe ich erst 2001 kennengelernt.« Frau Schmitt kicherte. »Sie meinen, dass man an der Wahl seines Passworts die Tiefe einer Liebe ablesen kann?«

»Das haben Sie jetzt gesagt«, grinste ich.

30 Minuten später wussten wir, wem Frau Schmitts Liebe galt: Wie hatte sie nur Garfield, ihren schwarzen Kater, vergessen können, und klar war er nur ein Teil des Sesam-öffne-Dichs. Garfield13 lautete das Zauberwort.

Beinbruch

Das ist im Grunde kein Beinbruch, denke ich mir oft, um die Relationen zu wahren. Obwohl ich natürlich weiß, dass ein fehlendes Passwort für eine Firma ein Super-GAU sein kann. Meinen Kunden würde es nicht gefallen, wenn ich sie auf die reale Welt aufmerksam machen würde, die uns umgibt. Luft, Wasser, Erde, Sterben bemisst die Zeit. Das ist real.

Wir bewegen uns mit der Technik auf einer Ebene, auf der die Welt regiert wird. Sei es bei den großen Bankgeschäften oder in den Industrieetagen. Mittlerweile *ist* ein defekter Server ein Beinbruch, wenn auch ein digitaler. Minderung des Ansehens. Erschwernisse im Berufsleben. Einerseits ein Irrglaube, dass die Technik etwas Lebensnotwendiges wäre, haben wir sie andererseits dazu gemacht. Und leiden nun darunter, dass sie es ist.

Als Selbstschutz habe ich mir drei innere Bildschirmschoner zugelegt. Der eine ist ein Lauftext: »Erst mal drei Schritte zurückgehen.« Dann erscheint eine Gebirgslandschaft. Berggipfel, die Luft ist dünn, klar und kühl. Hilft sehr bei geistiger Überhitzung. Der dritte Bildschirmschoner läuft los, sobald die emotionale Verfassung einen Grenzwert zu überschreiten droht: Seerosenteich. Stille Wasseroberfläche, perfekte Blüten. Und schon geht es wieder.

ANGRIFF DER KILLERVIREN

Die Grundsatzfrage bei Viren lautet: Ist es etwas Ernstes oder Paranoia? Letzteres ist natürlich nicht weniger ernst, erfordert aber andere Maßnahmen. Sowohl Anwender als auch Computer können davon befallen werden. Und leider auch Virenschutzprogramme. Mit steigendem Marktanteil wächst die Virenpopulation.

Außerhalb dieser Quarantänestation existiert die Galaxie der wunderbaren Mac-Welt. Dort gibt es fast keine Viren. Behaupten die Äpfel bis jetzt erfolgreich. Allerdings verbreiten sie Viren, ohne selbst unter der Infektion zu leiden. Als Zwischenwirte. Ich sage nur: Pest. Da hatten die Ratten auch kein Problem, außer dass die Flöhe lästig waren.

In Wahrheit ist alles längst viel schlimmer. Es gibt nicht mehr nur Viren, es gibt Trojaner, Malware = Bösewichte, die einen User ausspionieren, es gibt Programme, die die Tastatureingaben mitlesen, Keylogger, die sich zwischen den Anwender und den Rechner einer Bank stellen und alle Überweisungen auf ihre Konten umleiten, ohne rückverfolgbare Spuren zu hinterlassen. Wie im richtigen Leben können nicht alle Täter ermittelt werden. Kommt ein Virus in die Welt, kennt ihn ohnehin noch niemand. Außer seinen Erzeugern.

Wer sind die?

Wie sehen die aus?

Ernähren die sich tatsächlich fast ausschließlich von Pizza ohne Teller, aus dem Karton?

Sind sie unrasiert bis struppig, müffeln sie, weil sie in den ausgeleierten Stühlen vor ihren Bildschirmen schlafen?

Hausen sie in gruftähnlichen Verliesen?

Haben sie die Fähigkeit zur menschlichen Sprache verlernt oder gar verloren?

Sind ihnen Sensoren auf die Fingerkuppen gewachsen?

Und was macht so viel Spaß daran, weltweit Schaden anzurichten und unschuldige Anwender in die pure Verzweiflung zu stürzen?

Wir wissen es nicht. Und ehrlich gesagt möchten wir es auch nicht wissen, meine Computer und ich.

Würmer

Es kommt glücklicherweise nur sehr selten vor. Bisher ein einziges Mal, in über zehn Jahren. Aber das reicht mir bis heute.

Die Firma lebte im Wesentlichen von Internetrecherchen – nicht direkt, aber indirekt. Man war darauf angewiesen, Links anklicken zu können, Filme und Adressen herunterzuladen und Audiostreams online zur Verfügung zu haben. Ausgerechnet die bekamen einen derben Husten. Der in eine Lungenentzündung überging. Sie endete tödlich – für den Server. Und das, nachdem der gerade erst neu eingerichtet war, noch niemanden gut kannte und daher kein jahrelang aufgebautes Vertrauen genoss. Ich wurde von der Client-Managerin der Firma alarmiert, an einem Novembernachmittag im Schneesturm. »Ich möchte mal wissen, was das nun wieder ist! Seit einer halben Stunde versuche ich, eine Adresse im Internet aufzurufen, und immer komme ich woanders raus! Ich werde wahnsinnig – ich MUSS das bis heute Abend klären, sonst kann das Festival gleich abgesagt werden!«

Mir lief es kalt den Buckel hinunter. Was nicht am Wetter lag. Ich brach meinen kurzen Hundespaziergang sofort ab, denn mir schwante Schlimmstes. Das war womöglich kein Fehler des Servers, sondern ein Wurm. Von diesen böswilligen Eindringlingen hatte ich in letzter Zeit oft gehört. Begegnet war mir noch keiner. Doch mein Gefühl sagte mir, dass sie auch diesen Server angebohrt hatten.

»In 15 Minuten melde ich mich bei Ihnen«, unterbrach ich den hektischen Redestrom der Client-Managerin. Sie hatte Stress, das war klar. Ich auch – ab sofort.

Jeder Wurm ist anders. Es gibt kleine Programme, die den Browser, der sonst brav die gewünschten Seiten ansteuert, umleiten. Entweder auf bestimmte Seiten, dann sind die Schädlinge einigermaßen leicht zu identifizieren: Sie haben meist etwas mit den Angeboten auf den zwangsweise besuchten Seiten zu tun. Oder sie leiten willkürlich um, nach einem Zufallsprinzip, um Verwirrung zu stiften. Diese Sorte ist kaum auffindbar. Aber man soll ja den Tag nicht vor dem Abend verfluchen, also machte ich mich auch in diesem Fall an die Verhaftung der üblichen Verdächtigen – ein kurzer Virenscan mit verschiedenen Scannern. Das ging gerade so, ohne das System schachmatt zu setzen und die Arbeit aller Angestellten ganz zu unterbrechen, womit man sich auch nicht beliebter macht. Und ergab – nichts. Mir wurde noch kälter. Es konnte durchaus vorkommen, dass man sich einen ganz neuen Virus einfing, als Erster sozusagen. Aber wer möchte das schon? Der Vorteil von Vornesein ist kontextabhängig. Gegen so einen Virus oder Wurm gibt es kein Desinfektionsmittel. Da hilft nur abführen: alles raus. Dann von vorn anfangen. Alles neu einrichten, das ganze System. Alle Benutzer, alle Berechtigungen, alle Programme. Also fuhr ich in die Firma. Am nächsten Morgen musste alles wieder laufen, sonst ging bekanntlich die Welt unter. Und zwar so laufen, als wäre gar nichts vorgefallen. Ich hoffte inständig, dass der Schädling sich nicht zwischenzeitlich an eine Datei angeheftet hatte – denn wie sollte ich den finden, wo er doch noch nicht identifizierbar war? Dann würde das Problem sofort wieder auftauchen, sobald diese Datei geöffnet würde. Der Datenbestand als Büchse der Pandora. Das waren die mittelalterlich anmutenden Zeiten vor der Virtualisierung, in denen man wirklich auf einen realen Server angewiesen war, auf dem sich ein System nicht einfach zurücksetzen ließ auf den Stand von gestern, als die Welt noch in Ordnung war.

Nach langem Suchen erkannte ich im Morgengrauen, dass das System irreparabel war, und begann es komplett neu aufzusetzen. Seufzend dachte ich an die Nächte in meiner Jugend, die ich mir auf mondbeschienenen Hochplateaus um die Ohren geschlagen hatte oder in abgelegenen

Seitentälern der Alpen. Kurz vor Arbeitsbeginn der Belegschaft war alles fertig. Ich packte meine Tasche zusammen und verließ das Büro, ohne Spuren zu hinterlassen. Leise schloss ich die Tür hinter mir.

Tatort Bildschirm:
Ungezieferbefall mit Fraßdefekten

»Ich glaube, ich habe einen Virus«, meldete meine Kundin mir telefonisch.

»Wie kommen Sie darauf?«, fragte ich, anstatt mich zu erkundigen, ob sie oder ihr Computer befallen sei. In Notfällen verschmelzen die Identitäten.

»Es krabbeln viele kleine Insekten über den Bildschirm und fressen die Icons an.«

Mühsam unterdrückte ich mein Lachen. Wahrscheinlich machte sie einen Witz. Sie musste einen Witz machen. »Im Ernst?«, versicherte ich mich dennoch.

»Ja«, sagte sie mit Grabesstimme. Im Hintergrund hörte ich es knacken. Wahrscheinlich eine akustische Halluzination. Nicht nur: Jetzt sah ich auch die monströsen Kiefer mit den Greifern Icons in die Mäuler stopfen und malmen.

»Schalten Sie den Rechner bitte sofort aus.«

»Aus«, echote sie.

»Ich lasse ihn abholen.«

Abends schaltete ich den Patienten in meinem Büro an. Wie beschrieben, wuselten plötzlich aus allen vier Ecken des Monitors hektisch Insekten auf die Icons zu und fraßen Löcher hinein. Der Virus ließ sich leicht entfernen und richtete keinen weiteren Schaden an den Daten an. Trotzdem empfahl ich meiner Kundin, Internet und Kundendatensysteme voneinander zu trennen.

Bei einer anderen Kundin entdeckte ich bei einer Routineüberprüfung zufällig 234 Viren auf dem System. Sie hatte davon nicht das Geringste bemerkt.

Ein Kunde rief mich an und meldete: »Ich habe einen schweren Fehler.«

»Aha?«, fragte ich.

»Ich bin gestolpert.«

»Ja?«

»Über die Steckdosenleiste. Dann war alles dunkel. Als ich wieder hochgefahren habe, sagte der mir: Festplatte schwer beschädigt.«

»Wie sieht der aus, der Ihnen das sagt, was steht da noch?«

»Da steht, ich soll online gehen und das Programm kaufen, mit dem ich den schweren Fehler reparieren kann.«

»Tun Sie das nicht, außer Sie wollen die Programmierer dieser Viren unterstützen.«

»Was dann?«

»Wir versuchen mit einer Fernwartung, ein Gegenmittel zu injizieren.«

»Ich bin bereit.«

»Machen Sie bitte den rechten Arm frei.«

»Meinen oder den am Gerät, und wo befindet sich der?«, kicherte mein Kunde.

Meiner Erfahrung nach treten Viren nicht so häufig auf, wie man der Presse entnehmen könnte, die sich begeistert auf solche Meldungen stürzt. Ich halte es für wahrscheinlicher, dass einem schweren Fehler im System ein gekündigter Angestellter nachgeholfen hat, kleiner Gruß am Ende seines letzten Arbeitstages.

Die Falle

Gelegentlich haben Sankt Martin und ich es mit Viren zu tun, die unseren detektivischen Spürsinn herausfordern. Zum Beispiel im Großmarktfall: Ein Ladenbesitzer vermutete, hinter dem Schwund an Gemüse könne Diebstahl stecken.

»Also der Computer war's nicht«, zeigte Martin sich solidarisch mit seinen Schutzbefohlenen.

»Kann man da was überwachen?«, wollte der Ladenbesitzer wissen.

Martin grinste. »Natürlich. Überwachungskameras. Ich hol mal ein Gerät aus meinem Wagen.«

Fünf Minuten später zeigte er dem Ladenbesitzer, wie diese ausgefeilte Methode funktionierte: Er lehnte ein kleines Hölzchen vor die Tür zum Kühlhaus. Das war am nächsten Morgen umgefallen – der Beweis!

»Jemand war nachts im Kühlhaus«, staunte der Ladenbesitzer.

»Nichts geht über diese Geräte der ersten Generation«, nickte Martin ernst.

Weil das Stöckchen fast jede Nacht umfiel, wurde ein Update auf die siebte Generation beschlossen; Martin montierte eine echte Überwachungskamera, stellte sie auf den relevanten Blickwinkel ein, konfigurierte das Programm und koppelte es mit einem Bewegungsmelder.

»Jetzt wird's spannend!« Der Ladenbesitzer rieb sich die Hände.

Am nächsten Morgen war das Hölzchen wieder umgefallen.

»Kommen Sie schnell!«, rief er begeistert ins Telefon. »Jetzt haben wir den Übeltäter.«

Leider nicht! Martin musste feststellen, dass die Kamera lediglich die Raumdecke gefilmt hatte. Am Vortag nach Feierabend hatte ein Elektriker diverse Sicherungen ausgetauscht. Durch den Stromausfall waren die Einstellungen an der Kamera gelöscht, die automatisch auf Standard zurückfuhr, was sie mit einem unwilligen sssst sssssssst wohl auch gemeldet hatte. Doch niemand hatte sie gehört. Leider zeigte der erforderliche Blickwinkel für die Kühlhaustür nicht Richtung Standard. Trotzdem fiel das Stöckchen nie wieder um.

Schnüffeln

Manchmal wundert es mich, dass es überhaupt noch Detektive gibt. Sind wir nicht alle ein bisschen … Detektivin? Zeige mir deinen Computer, und ich sage dir, ob du fremdgehst.

Eigentlich wäre es ganz einfach, Spuren zu verwischen. Oder mit einem Passwort zu schützen. In einer Beziehung dauert es meistens keine drei Minuten, bis man das Passwort des Partners geknackt hat. Darf man das? Was sagt das über die Beziehung aus? Meiner Meinung nach ist ein solcher Zugriff umfassender, als verbotenerweise in einem fremden Tagebuch zu lesen. Im Tagebuch geht es meist nur um Persönliches. Der Computer speichert ein ganzes Leben. Von der privaten bis zur Bankverbindung.

Wo beginnt der Vertrauensbruch? Beim Einloggen oder lange davor? Und dann? Klüger wäre es, sich vorher zu überlegen, wie man zu verfahren gedenkt, wenn man fündig wird. Die Entscheidung, lieber nichts davon wissen zu wollen, sollte zum richtigen Zeitpunkt fallen!

Eine fremde Frau rief mich an: »Ich habe Ihre Nummer von einer Bekannten. Ich hätte gern Ihren Rat.« Ohne meine Zustimmung abzuwarten, fuhr sie fort. »Der Freund meiner Freundin hat ein Verhältnis. Das weiß sie, weil sie sein Handy gecheckt hat. Sie will ihm aber nicht sagen, dass sie das gemacht hat. Was könnte passiert sein, dass sie es zufällig erfahren hat?«

»Wie wäre es mit einem realen Ereignis in Echtzeit?«, erkundigte ich mich.

»Wie?«, fragte die Stimme irritiert.

»Ihre Freundin könnte ihn mit der Frau gesehen haben.«

»Aha! Das ist raffiniert!«

Beim Einkaufen traf ich einen alten Bekannten. »Hast du mal kurz Zeit?«, fragte er und ließ mir ebenfalls keine Besinnung. »Es ist nämlich so: Ich habe den Verdacht, dass Liane fremdgeht. Ich würde mir gerne mal ihren Computer ansehen. Wie kann ich das machen, ohne dass sie das merkt?«

Empört schaute ich ihn an. »Das ist jetzt nicht dein Ernst!«

»Wie soll ich es denn sonst rauskriegen?«

»Zum Beispiel, indem du mit ihr sprichst.«

»Sprechen?« Jetzt starrte er mich empört an.

Meine Erfahrung ist, dass diejenigen, die einen Verdacht hegen, sich nicht täuschen. Mit Einschränkung: Pathologisch Eifersüchtige sind von Verdachtsmomenten geradezu umzingelt und finden immer neue, so lange und beharrlich, bis es sie tatsächlich gibt. Meine Erfahrung ist, dass man das, was man schon weiß, aufdecken wird. Die Suche soll den letzten Beweis liefern und ist gleichzeitig die letzte Hoffnung, sich doch getäuscht zu haben. Ich rate von dieser Geisteshaltung komplett ab, denn man diskreditiert sich selbst. Es ist kein gutes Gefühl, heimlich zu kontrollieren und es verschleiern zu müssen. Plötzlich ist man auch schuld. Und hat das gleiche Problem. Man hat betrogen. Einmal körperlich, einmal technisch. Vorsicht: Schnüffeln kann süchtig machen! Der Blick in den Spiegel ist dann keine Freude mehr.

Ein mir bekanntes Paar ertappte sich gegenseitig. Sie erzählte mir davon: »Als ich nach meinem Handy suchte, entdeckte ich es in seiner Jackentasche.« Gleichstand. Die beiden sind heute noch zusammen.

Außerdem: Trauen Sie keinem Computer. Und auch keiner Mail! Sprechen Sie im Zweifelsfall miteinander.

Kürzlich erhielt ich eine Mail von einer Freundin, die mich bat, ihr dringend Geld zu überweisen, sie sei im Ausland, und dort sei ihr alles geklaut worden. Die Mail klang authentisch. Trotzdem rief ich ihren Freund an.

»Willst du mit Claudia sprechen?«

»Aber sie ist doch im Ausland!«

»Nö, im Bad.«

Schnell stellte sich heraus, dass jemand in Claudias Mail Account eingedrungen war und beträchtlichen Schaden angerichtet hatte, denn außer mir erkundigte sich nur noch eine Person bei ihr. Alle anderen – privaten und Geschäftskontakte – hatte diese peinliche Geldbitte erreicht. Auch wenn sie sie ignorierten, ein kleiner dunkler Fleck bleibt häufig zurück – wie bei einem Gerücht.

DER ERHOBENE ZEIGEFINGER

Bis ich am Ort des Unfalls ankam, war die Kundin bereits von 180 auf Ortsgeschwindigkeit ausgebremst worden. Durch ihre eigenen Gedanken. Sie empfing mich mit den Worten: »Wissen Sie, das eigentliche Wunder ist doch, dass es sonst fast immer funktioniert. Man ahnt ja gar nicht, was alles reibungslos klappen muss, damit das Internet bis auf den eigenen Bildschirm im hintersten Winkel der Republik flimmert. Aber ich nehme mal an: mehr, als mir lieb ist. Oder als ich ermessen kann.«

Ich schaute Frau Bamberger verblüfft an. Hatte Mars das Sonnensystem verlassen? So eine Kundin war mir noch nie begegnet. Mehr davon!

»Da gebe ich Ihnen vollkommen recht«, erwiderte ich. »Es ist auch eine gesunde Lebenseinstellung«, ergänzte ich, denn Frau Bamberger hatte sich den Zeigefinger gebrochen, und der stand nun, frisch eingegipst, von der Hand ab. Sie sah aus wie eine unfreiwillige Dauerpredigerin.

»Halb so wild«, quittierte sie meine Blicke. »Kleine Auseinandersetzung mit der störrischen Handsäge.«

Ich hätte gern mehr gewusst, doch Frau Bamberger hatte es eilig. Sie erwartete dringend einige Mails und musste im Internet etwas recherchieren. Beides war im Moment nicht möglich. »Woran liegt es?«, wollte sie wissen.

»Moment«, bat ich sie und öffnete den Serverschrank.

Das hielt Frau Bamberger nicht davon ab, weiterzusprechen. »Letztlich sind wir doch alle nur ein winzig kleines Zahnrad in einem großen Getriebe.«

Es freute mich, endlich einmal eine Kundin kennenzulernen, die nicht nur um sich selbst kreiste. Ich will. Ich muss. Ich brauche. Für Frau Bamberger existierte eine weitere Perspektive. Sehr angenehm.

»Man nimmt alles einfach als gegeben hin, aber das ist falsch. Im Guten wie im Schlechten«, fuhr Frau Bamberger fort. »Man kann sich gegen Diktaturen wehren, und man kann erkennen, dass Wasser eine kostbare Ressource ist.«

Diese zwei Probleme in einem Satz interessierten mich.

»Wasser?«, wiederholte ich.

»Ich werfe den Computer an, und meine Mails laufen rein, also normalerweise«, erklärte sie. »Ich drehe den Hahn auf, und das Wasser sprudelt. Aber das ist doch nicht normal.«

»Nein, keineswegs.«

Ein Mann im Anzug mit roter Krawatte lief telefonierend durch das Büro. »Telefone!«, rief Frau Bamberger. »Ist Ihnen eigentlich klar, wie viele Kupferminen es gebraucht hat, um für Ihr Geplapper ganz Deutschland zu verkabeln?«

Ich zuckte zusammen. Was war denn das für ein Ton hier? Doch der Abteilungsleiter, wie er mir vorgestellt wurde, grinste bloß. »Den Spruch höre ich hier fast täglich.« Er wandte sich an mich: »Kommt DSL nicht auch aus den Telefonleitungen?«

»Ja. DSL wurde entwickelt, um auf die bereits vorhandene Telefonverkabelung ein Signal legen zu können, das Daten schnell transportieren kann«, predigte ich ganz ohne erhobenen Zeigefinger. Ich brauchte beide im Serverschrank.

»Alles Gift!«, urteilte Frau Bamberger.

»Nun ja«, machte der Abteilungsleiter.

»Umwelttechnisch gesehen sind Computer eine mittlere Katastrophe«, erklärte Frau Bamberger resolut. »Und wir benutzen sie trotzdem, und ich hoffe«, sie schaute mir in die Augen, »Sie bringen die Anlage schnell wieder zum Laufen. Obwohl, das verhehle ich nicht, mir das alles gegen den Strich geht. Aber von irgendwas muss man ja leben.«

»Oh, wie wahr«, seufzte ich. Dieses Dilemma war mir sehr vertraut.

Der Aufwand, einen Computer herzustellen, steht in keiner Relation zur Freude, die die Geräte spenden können. Die Herstellung eines PC mit Monitor verbraucht im Schnitt 1500 Liter Wasser, 5300 Kilowattstunden Strom, 240 Kilogramm fossile Brennstoffe und 22 Kilogramm verschiedener Chemikalien (Quellen: Umweltbundesamt, Greenpeace). Bei der Herstellung eines einzigen PC entstehen rund 1850 Kilogramm CO_2. Einen großen Anteil haben dabei die Halbleiter-Chips: Laut Greenpeace werden zur Herstellung eines zwei Gramm schweren Chips fast 1,3 Kilogramm fossile Brennstoffe benötigt.

Und wenn sie dann mal hergestellt sind, wollen sie ja auch laufen: Der jährliche Energiebedarf eines PC bei durchschnittlich vier Stunden Betriebszeit pro Tag beträgt nach Berechnungen des Öko-Instituts zwischen 88 und 787 Kilowattstunden, je nach Ausstattung und Effizienz des Geräts.

Bei einem Notebook liegt die Spanne zwischen 22 und 166 Kilowattstunden. Der Energiebedarf und Ressourcenverbrauch für Produktion, Logistik, Recycling oder Entsorgung sind hierbei noch nicht berücksichtigt.

Das Internet ist eine riesige Kühlkette; Serverräume sind stets klimatisiert. Das alles weist ziemlich klar in eine Richtung: Ich sollte den Job wechseln. Das vergesse ich auch nicht. Wenn ich Zeit habe, fällt es mir immer mal wieder ein. Zwischendurch tröste ich mich mit faulen Kompromissen und klugen Lösungen. Wie dem Igel, der in Netzwerken den Stromverbrauch um 75 Prozent reduziert – und den Wartungsaufwand um 50 bis 70 Prozent.

Igelstation

Es dürfte kaum eine Branche geben, in der sich die Neuheiten so überschlagen wie in meiner. Um wenigstens im Ansatz einen Überblick zu behalten, verabrede ich mich alljährlich mit Joachim auf einer Messe bei München. Am liebsten im Händler-Bereich, wo man nur nach Gesichts- und Visitenkarten-Kontrolle eingelassen wird.

Vor einigen Jahren steuerten wir wieder einmal den Microsoft-Stand an, und Joachim schnappte sich einen der vielen Jetzt-viel-mehr-möglich-Computer. In Windeseile probierte er einige Tastenkombinationen aus. Auch diesmal sprangen Fenster auf und zu, einmal piepste es, dann fuhr

Windows herunter und setzte zum Neustart an. »Uff«, sagte Joachim, und dann klatschten wir uns ab: Gimme five. Immerhin funktionierten alle gängigen Befehle noch. Man lebte ja ständig in der Angst, abgehängt zu werden bei diesem Höllentempo, und das über Nacht und unbemerkt. Ein Microsoft-Vertreter in Anzug mit Krawatte kam auf uns zu. So ähnlich sahen wir heute auch aus – die sonst verzeihliche Administrator-Aufmachung mit Jeans und Hemd, die von den Kunden akzeptiert wird, weil sie wissen, dass wir im nächsten Moment unter den Schreibtischen verschwinden könnten auf der Suche nach einem defekten Kabel, würde hier unangenehm aufploppen: underdressed.

»Das ist das beste System, das Microsoft je herausgebracht hat«, behauptete der Microsoft-Mann und wies auf einen Computer, dem man seine Favoritenrolle nicht ansah.

»Aha«, sagte Joachim.

»Das Revolutionärste hierbei ist der Remote Desktop.«

»Der was?«, erkundigte ich mich.

»Eine ganz neue Möglichkeit des Fernzugriffs. Das gab es vordem nur bei Servern. Jetzt können Sie eine Wartungsanfrage über Internet bekommen und sich ganz einfach auf das Gerät draufschalten, das Problem lösen – und sich wieder ausloggen.« Klang traumhaft. Nur dass sich mir bei den Worten »ganz einfach« die Haare sträubten. Den Spruch hatte ich zu oft gehört: »Sie müssen nur …« Stunden später rang man noch immer mit der Technik. Nee, nee, Freunde, euch kenne ich.

Joachim und ich schlenderten weiter. In Gedanken versunken sagte ich: »Grandios wäre es, es gäbe ein System, mit dem man alles auf einen PC installiert und von egal wo stets darauf zugreifen kann.«

Er seufzte sehnsüchtig. »Du sprichst vom Paradies! Man müsste den ganzen Krempel nur ein einziges Mal installieren. Und updaten. Und virenschützen. Aber«, er zögerte, »was machen wir dann in unserer Freizeit? Wir hätten dann Gigabyte an Freizeit!«

»Einen trinken gehen«, spielte ich einen unserer Running Gags aus. Obwohl wir es uns oft vorgenommen hatten, waren wir in den letzten fünf Jahren kein einziges Mal zusammen aus gewesen. Stets stellte uns irgendein Server das Bein.

An einem der nächsten Stände sah ich ein Schild mit der Aufschrift: *Weniger Strom, weniger Schadstoffe, weniger CO_2 –*

Thin Clients verbessern betriebliche Umweltbilanz.

Auf dem Logo prangte ein schlichter, mit wenigen Strichen gezeichneter Igel.

Ich zupfte Joachim am Ärmel. »Du, das muss ich mir mal anschauen.« Das Wunderprodukt war so groß wie ein DIN-A4-Blatt, so dick wie eine Zigarrenkiste und, wie die Aufschrift verkündete, strahlungs- und geräuschlos. Was das betrifft, bin ich empfindlich. Ich kann Geröhre am Arbeitsplatz nicht leiden.

»Wo läuft die Anwendung?«, fragte ich den Standbetreuer.

»Auf 'nem Server, der richtig Dampf hat. An dem melden sich alle an, per Remote Desktop.«

Joachim und ich wechselten einen Blick. Darüber hatten wir doch eben erst gesprochen: alles auf einem Gerät ein einziges Mal einrichten und pflegen und von egal wo darauf arbeiten.

»Und das geht?«, fragte ich, als wäre es der Job des Vertreters, ehrlich zu antworten.

»Glauben müssen Sie mir das nicht. Sie können bei uns Igel zum Testen anfordern, ist gratis.«

Das hörte sich richtig gut an. »Jetzt sofort? Kann ich das hier bei Ihnen?«

Er winkte müde ab. »Bitte nicht! Wir haben online ein Formular, das füllen Sie aus.«

War das die Lösung oder sogar die Rettung? Mein Kundenstamm war in letzter Zeit so stark gewachsen, dass die Betreuung der Wehwehchen aller einzelnen Rechner allmählich die Kapazitäten meine Firma überstieg. Ich wollte schließlich kein Imperium gründen, sondern in einer angenehmen Größe arbeiten.

»Wenn das stimmt, was der sagt«, raunte Joachim mir zu.

»Dann ist das unser Paradies«, nickte ich.

Joachim zählte auf: »Vernetzung von Standorten, Heimarbeitsplätze – und volle Fernwartungsmöglichkeit. Auch von Lappland aus, sofern es da mittlerweile einen Internetanschluss gibt.«

»Und das Beste«, mischte ich mich ein.

»Ja?«

»Kein so schlimmes schlechtes Gewissen mehr, das mich seit dem Global 2000 Report plagt.«

Als der Igel bei mir ankam, hatte ich Herzklopfen – und widerstreitende Gefühle, die sich schnell aussöhnten: Seit den ersten Tests bin ich Igel-Fan!

http://www.igel.com/de/loesungen/green-it.html

DIE POESIE DER FEHLERMELDUNGEN

Woisch«, sagte Martin, »manchmal däd i mir wünsche, dass d' Leit ihre Fähler au meldet.«

»Warst du wieder bei Firma Zett?«, fragte ich ihn.

Der Seniorchef der Firma Zett war weit über die Region bekannt, denn es unterliefen ihm keine Fehler. Solche Menschen gibt es viele. Das wird auch auf deutschen Straßen sichtbar. Meine Freundin Anna meinte dazu: »Ich hätte gern mal so ein Auto, in dem einem nichts passieren kann, egal, wie man fährt.« Und dann wollte sie von mir wissen, wie sie ihren Freund dazu bringen könnte, auf innerstädtische Überholmanöver mit über 100 km/h zu verzichten.

Ich wusste keinen Rat.

Annas Freund sah das nicht als Fehler, sondern als Sport.

Peter findet es völlig normal, dass er unangemeldet zu Besuch kommt.

Helga unterbricht andere ständig und meint, damit würde sie ihr Interesse an anderen Menschen bekunden.

Tim lässt keinen Fettnapf aus.

Wer sagt ihm das? Irgendjemand muss es ihm sagen. Aber besteht die Freundschaft dann noch? Und wenn man es ihm nicht sagt, ist die Freundschaft auch vorbei, weil man sich dann nicht mehr auf Augenhöhe begegnet.

Wie viel einfacher machen es uns die Computer. Auch wenn sie ihre Fehler nicht kennen, sie melden sie eifrig. Ich liebe die Poesie mancher Fehlermeldungen, die sämtliche grundlegenden Fragen der menschlichen Existenz spiegeln, zum Beispiel: Wer bin ich?

Ich kann das Dokument nicht lesen, meldet ein PC.
»Wer ist ich?«, fragte mich die Anwenderin.
»Er«, sagte ich.
»Hat er ein Ich?«, fragte sie.
»Er glaubt es«, stellte ich fest.
»Typisch Mann«, sagte sie.

Alle Dateien nicht löschen, ja oder nein?
Gehört zu meinen Lieblingsmeldungen. Je länger man darüber nachdenkt, desto tiefer erschließt sich die Komplexität des Daseins.

Für Fatalisten maßgeschneidert: *Bitte bestätigen Sie den Verlust Ihrer Daten.*

Schwerer Fehler. Verbindung erneut herstellen? Ja / nein?
Eine Frage, die man sich nicht nur in Beziehungskrisen stellen sollte. Aber wer stellt sie sich schon? Manche Paare bleiben jahrelang zusammen, ohne sich diesen schweren Fehler einzugestehen.

Wenn ein System immer langsamer wird, kann man sich auf folgende Meldung freuen: *Sie haben die Maus bewegt. Sollen die Änderungen übernommen werden?*

Die Informationsverarbeitung ist auf oberster Ebene fehlgeschlagen.
Was für ein erhebender Trost!

Ob Mensch und Maschine überhaupt in der Lage sind, Fehler gleichartig zu bewerten? Es könnte durchaus sein, dass der Computer etwas für einen Fehler hält, was dem Menschen willkommen ist: *Beim Speichern der Änderung ist der folgende Fehler aufgetreten: Der Vorgang wurde ausgeführt.*

In der Linux-Szene tragen viele User ein T-Shirt, auf dem zu lesen steht: *Alt + F4* – das ist die Tastenkombination, mit der man Windows herunterfährt.

Es kann keine weitere Systemsemaphore erstellt werden. Diese Meldung lässt sich nur mit Okay bestätigen. Aber das ist eigentlich nichts Ungewöhnliches. Wir bejahen ständig Dinge, von denen wir keine Ahnung haben.

Der Arbeitsspeicher reicht nicht aus. Es werden 1,2 MB benötigt. Es sind aber nur 1,3 MB vorhanden.
Etwas mehr Rechenleistung würde ich mir von einem Rechner schon wünschen.

Für das Thema Hilfe ist keine Hilfe verfügbar. Bestätigungsmöglichkeit mit Ok oder Hilfe.

Bitte geben Sie einen Wert zwischen 0,00 und 0,00 ein.
Interessantes mathematisches Problem!

Unbekannter Fehler 128 bei 57.
Martin seufzte: »Wenn i so ebbes säh, denk i mir: Hätt i no ebbes Gscheits glernt.«

»I au«, erwiderte ich. »Neulich hatte ich die Meldung: Ihre Daten werden gelöscht. Drücken Sie alle Tasten gleichzeitig, um den Vorgang abzubrechen. Jede beliebige Taste, um fortzusetzen.«

»Der isch echt guad!«, rief Martin mit gespieltem Entsetzen. »Klingt fast wie ein Buchtitel.«

MOTHERBOARD

Machen Sie das auch?«, fragte mich eine hauchdünne Stimme am Telefon.

»Wahrscheinlich. Aber was genau meinen Sie?«

»Beratungen«, hauchte sie weiter.

»Ja, wozu wollen Sie eine Beratung?«

»Es geht um meinen Sohn.«

»Verstehe. Bestimmt will er einen anderen, spieletauglicheren Computer?« Dazu hatte ich Eltern schon einige Male beraten, die nicht fassen konnten, als wie teuer das gewünschte Spielzeug sich entpuppte. Während ich nicht fassen konnte, dass in manchen Kinderzimmern Hardware herumstand, mit der mein eigenes Büro nicht ausgestattet war. Republic of Gamers – eine Nation für sich. Kaum etwas stellt so hohe Anforderungen an die Geräte wie die neuen Spiele, netzwerkfähig in 3 D, echter als die Wirklichkeit, wenn man lange genug dranblieb. Diese Spiele hatten mich nie interessiert. Noch mehr Zeit am Computer verbringen, nein danke.

»Um so etwas handelt es sich nicht«, sagte die Stimme. »Keine Kaufberatung.«

»Sondern?«, fragte ich neugierig.

»Es ist …«, sie zögerte. »Wissen Sie, dieses Gespräch ist vertraulich.«

»Sie können mir sagen, worum es geht, und wenn ich Ihnen nicht helfen kann, vergesse ich Ihre Frage sofort, versprochen.«

»Das ist sehr nett von Ihnen«, die Stimme klang erleichtert, wurde fester. »Mein Sohn ist kaum noch vom Computer wegzukriegen. Es isst sogar vor dem Bildschirm, und es wird immer schwieriger, ihn dazu zu bewegen, zur Schule zu gehen. Oft ist er morgens so müde, dass ich mich frage, ob er überhaupt geschlafen oder die ganze Nacht in seiner Scheinwelt verbracht hat. Ich habe Angst, er wird oder ist süchtig. Aber ich habe keine Ahnung. Was ist normal? Ich selbst kenne mich mit Computern überhaupt nicht aus. Ich bin in großer Sorge. Ist das berechtigt, oder male ich den Teufel an die Wand? Verstehen Sie, wie ich das meine?«

Ich überlegte kurz. »Ja«, sagte ich dann. Und das war nicht gelogen.

Den Sog hatte ich selbst kennengelernt, nachts, wenn bei der Arbeit keine Störungen die Konzentration unterbrachen und es mehr und mehr gelang, in diesen seltsamen Strom einzutauchen, den die virtuelle Welt erzeugt. Wenn an der Theorie etwas dran ist, dass Gedanken Felder erzeugen, müssen in diesem Computerfeld Hunderttausende von Volt unterwegs sein. Es ist wie ein Schweben, aber mit hoher Geschwindigkeit, eine unbeschwerte Reise an immer neue vielversprechende Orte. Ohne Ankommen, ohne Erdbindung, ohne jedes Gefühl für Raum und Zeit. Das sind Koordinaten, die es in dieser Sphäre nicht gibt. Als könnte man in der Stratosphäre des Planeten surfen, das Gehirn so richtig auf Touren bringen und wichtige Probleme lösen, und das alles ohne Zwischenlandungen. Die absolute Freiheit.

Spätestens nach zwei Nächten war ich von diesen Ausflügen völlig ausgezehrt, so dass meine Basisstation mir drohte: »Komm du mir noch mal mit diesen viereckigen Augen an den Frühstückstisch!« Ich verzichtete auf die Frage nach den Konsequenzen. Es gab mir zu denken, dass mein Rauschzustand sichtbar war. Er fühlte sich im Übrigen auch an wie ein Kater. Eine Tiefentladung. Wohin begab man sich eigentlich auf diesen Trips? Jedenfalls kehrten einige tatsächlich nicht davon zurück, und das konnte ich verstehen.

Ich aber war zurückgekehrt, und ich wollte der besorgten Mutter gerne helfen, ihren Sohn zu retten.

»Wie kann ich Ihnen helfen?«, fragte ich sie.

»Ich will ihn verstehen können. Dann komme ich vielleicht auch wieder an ihn ran! Er hört mir ja überhaupt nicht mehr zu. Er interessiert sich nicht für meine Welt. Also will ich seine kennenlernen, um ihn da zu treffen. Ich war vor langer Zeit einmal bei Ihnen in einem Kurs an der Computerschule. Daher weiß ich, dass Sie die Dinge so erklären können, dass ich Sie verstehe, auch wenn es lauter technisches Zeugs ist.«

Ich bedankte mich für dieses schöne Kompliment, mailte der Mutter einige Adressen von Selbsthilfegruppen und verabredete mich mit ihr … am Tor zur Welt ihres Sohnes.

SHOWDOWN

8.30 Uhr.

Auf der Autobahn, +48° 37′ 48.67″ nördliche Län-
ge, +9° 34′ 15.06″ östliche Breite, erreichte mich der Anruf.

»Frau Kammerer?«

»Ja.«

»Ich kann mich nicht mehr am Server anmelden. Vorhin
ging er noch, jetzt ist alles weg.«

Ich hoffte inständig, dass Herr Weiß damit nur eine Re-
dewendung benutzte und keinen Sachverhalt beschrieb.
75 Leute arbeiteten auf diesem Server.

Ich tippte die neuen Koordinaten in mein Navi und teilte
Herrn Weiß mit: »In einer halben Stunde kann ich mich um
den Server kümmern. Bis dahin nimmt sich Herr Keller des
Problems an. Wir melden uns, sobald wir wissen, was los
ist.«

»Danke. Ich gebe das an die anderen weiter, damit Sie
nicht mit Anrufen bombardiert werden.«

Schön, wenn jemand so umsichtig mitdenkt. Auch mein
Handy dachte mit. Es wählte Martins Nummer. Bezie-

hungsweise die Spezialnummer. Diese Leitung ist ihm und mir vorbehalten. Das rote Telefon sozusagen.

Martin war schon im Bilde. »Der Terminalserver steht. Der Mailserver auch. Und die beiden XPS«, meldete er sich.

Meine Meinung stand auch. Das konnte nur heißen, dass die Basis ausgefallen war, auf der diese Maschinen arbeiteten. Und das wiederum konnte bedeuten, dass nun jener Fall eingetreten war, den alle immer befürchten, den alle ständig melden und der doch nicht geschehen ist. Jetzt womöglich schon: Nichts geht mehr.

8.55 Uhr.

Martins Büro gleicht eher einer Raumstation als einem irdischen Ort. Eine Reihe verschiedener Monitore zeigte Überwachungsbilder zum Status unserer Netzwerke, die an eine Kreuzung zwischen Radarschirm und Spinnennetz erinnerte. Andere Bildschirme waren voller geöffneter Konsolen, in jeder Konsole wurde ein anderer Server bearbeitet. Im Vordergrund türmten sich Hardware-Berge. Die meisten Rechner irreparabel, aber als Ersatzteillager verwertbar. Rechts ein Riesenregal mit allem, was man sonst so braucht als Frau und Mann von heute: Switche in allen Ausführungen, Router, NTBAs, Splitter, TFTs, CPU-Lüfter, SATA- und CF-Adapter. Darüber hinaus hat Martin stets eine Kinderüberraschung parat, mit der wir beide gerne spielen würden – und immer fehlt dazu die Zeit.

Martin schaute kurz von den Tastaturen auf, als ich die Raumstation betrat. »Kaffee?«

»Ja, gern.«

Er goss mir ein, ohne den Blick von den Bildschirmen zu wenden. Auch dazu braucht man eine ruhige Hand.

»Was machst grad?«, fragte ich.

Kurz schaute er mir in die Augen. »Nix.«

»Du meinst nix wie in U-nix?«, fragte ich.

Wir kicherten. Es klang leicht hysterisch.

9.05 Uhr.

»Was da läuft, ist eine Reorganisation des RAID-Systems, stimmt's?«, fragte ich ihn. Martin ist der Experte für Linux, und auf dieser Basis laufen die Grundsysteme bei uns.

»Ja«, nickte er. »Beim Hauptserver sind die Platten abgeschmiert. So viel habe ich schon raus. Jetzt laufen nach einem Reboot ein Plattentest und die Reorganisation des RAID: Er versucht immerhin, es wieder aufzubauen.«

Mir wurde klamm. RAID ist eine an sich geniale Methode, um mehrere Festplatten parallel betreiben zu können. Es gibt davon verschiedene Ausführungen: Manche optimieren die Ausfallsicherheit, indem sie auf zwei oder noch besser drei Platten parallel das Gleiche schreiben. Fällt eine Platte aus, ist der Datenbestand auf der anderen noch vorhanden und kann auf eine neue Platte übertragen werden. Manche optimieren die Geschwindigkeit, indem sie die Daten auf eine Art verteilen, die einen schnelleren Zugriff ermöglicht. Wenn dabei eine Platte ausfällt, hat man ein Problem, weil die Daten auf alle Platten verteilt sind. Die Rekonstruktion kann sehr lange dauern. Stunden. Mindestens. Oder, noch schlimmer: gar nicht möglich sein.

Martin traktierte die Konsolen mit kryptischen Befehlszeilen.

Ich erkannte, dass bereits eine Rücksicherung des Back-ups von heute Nacht auf einen Ersatz-Server lief. Prima. Das hätte ich auch als Erstes angeleiert, wäre ich nicht im Auto unterwegs gewesen.

»Sag mal«, fragte ich Martin, »hast du schon bei denen angerufen?«

»Nee, bin nicht dazu gekommen.«

Ich informierte Herrn Weiß, dass die Reparatur mindestens drei Stunden dauern würde.

Martin grinste. Es sah ein wenig verzweifelt aus. »Du neigst zum Optimismus.«

9.10 Uhr.

Mein Handy. Der Firmenchef. »Können Sie mir sagen, was passiert ist?«, fragte er ruhig.

»Die Festplatten des Hauptservers sind synchron ausgefallen«, erklärte ich.

Dieser Chef kannte sich aus und fragte die Katastrophen der Reihe nach ab. Dann kam die Schüsselfrage: »Was ist mit den Daten?«

»Wir haben eine Sicherung von heute Nacht um drei Uhr. Was seit 6.30 Uhr gearbeitet wurde, ist nicht vorhanden. Wir versuchen im Moment, das Hauptsystem wieder zum Laufen zu bringen. Wenn das gelingt, fehlt nichts.«

»Halten Sie mich auf dem aktuellen Stand.«

9.55 Uhr.

Das RAID meldete einen Fehler bei der Synchronisation. Martin blickte von seiner Konsole auf. »Dann muss mehr als eine Platte defekt sein.«

Ich schaute aus einem Augenwinkel zu, wie der Laufbalken wuchs, der den Kopiervorgang des Back-ups anzeigte, während ich aus der Datensicherung, die vor der Systemsicherung lief, die Daten und SQL-Datenbankeinträge zu rekonstruieren versuchte.

»Das ist wieder mal typisch«, entfuhr es mir. »Wir wollten doch nächste Woche ohnehin den Hauptserver auf verschiedenen Grundsystemen unterbringen und eine andere Art RAID verwenden.«

11.35 Uhr.

Die beiden Hauptserver waren zurückgesichert. Wir testeten die Grundfunktionen – alles okay. Da ich kleiner und leichter bin als Martin und der Serverraum ein winziger Verschlag unter dem Dach ist, vollklimatisiert, oblag es mir, die Kiste zum Kunden zu bringen, die Hühnerleiter hochzubalancieren mit dem schweren Server auf der Schulter, das Gerät vorsichtig über den Rand der Treppe zu wuchten und sanft aufkommen zu lassen. Dann zwischen den Kabeln durchkriechen, das richtige Gerät ausstecken und an seiner Stelle den Ersatz-Server ein. Uff. Er piepste, fuhr hoch. Ich rief Martin an.

»Ich kann ihn sehen«, meldete er.

»Okay«, bestätigte ich und legte auf. Ab jetzt konnten wir von der Raumstation aus weitermachen. Ich balancierte den defekten Server die Treppe hinab. Dem würden wir uns nun stationär widmen. Ich meldete Herrn Weiß die frohe Botschaft. »Alles läuft wieder.«

»Das ging jetzt aber schnell!« Er klang erleichtert.

»Nur die Eintragungen von heute Morgen bis zum Crash fehlen noch – die kriegen wir erst heute Abend wieder rein.«

»Das macht nichts.«

Jetzt war ich mir sicher: Ich war von der Autobahn in eine andere Dimension abgebogen, ohne es direkt zu bemerken. Ich war in eine Parallelwelt geraten. Die Prioritäten verschoben, alles um exakt jene Gradzahl verrutscht, die das Leben zu einem stressfreien Paradies macht. Ich blickte mich suchend um, damit ich die Stelle nicht verpasste, an der ich mich hier fest und dauerhaft immatrikulieren konnte.

13.02 Uhr.

Den Rest des Tages verbrachten Martin und ich damit, die fehlenden Details zu reparieren: Die gesamte Zeiterfassung lief in diesen Server. Wir rekonstruierten aus dem defekten RAID die Eintragungen vom Morgen. Das klappte gerade so, doch die Datenbank war nicht mehr konsistent. Auf der weiterzuarbeiten wäre wie eine Fortsetzung von *Stirb langsam* – ohne Bruce Willis.

17.50 Uhr.

Das Ersatz-System hatte alle Tests bestanden, die fehlenden Daten waren übertragen, die Mails synchronisiert – die Welt war wieder in Ordnung. Wir wollten gerade Feierabend machen, da rief der Chef des beinahe havarierten Unternehmens an:

»Bei mir hängt alles. Nichts geht mehr!«

Martin und ich wechselten einen entsetzten Blick. Schalteten uns per Fernwartung auf den Client des Chefs. Wechselten noch einen Blick. Martin schüttelte den Kopf. Beim Stand der Dinge konnte er nicht sprechen. Sein Gesicht wurde immer röter.

»Es ist nur die Maus«, meldete ich dem Chef so gefasst wie möglich. »Die hängt. Morgen bekommen Sie eine neue.«

»So lange kann ich unmöglich warten!«, platzte der Chef heraus.

Wir fielen in sein Lachen ein. Es dauerte eine Weile, bis wir uns beruhigen konnten. Die Parallelwelt hatte sich offenbar stabilisiert.

DANKSAGUNG

Mein herzlicher Dank gilt Shirley, ohne deren Ideen das Buch nie entstanden wäre. Und Susa, für den zündenden Funken und den beständigen Glauben an das Richtige, Gute, Vielseitige. Unseren Tieren, die alles zusammenhalten. Liane, die mir Schreiben ermöglicht hat. Sankt Martin, ohne den mir die Zeit dazu nie gereicht hätte. Unseren Kunden für ihre Freundlichkeit, ihren Humor und ihr Vertrauen. Meinen beiden wunderbaren Schwestern; grundsätzlich und wie immer: Gaul.